당당한 프로가 아름답다

명강사 허정미의 All that 강사 이야기

당당한
프로가
아름답다

허정미 지음

호이테북스
today

나는 도전하는 자의 증거가 되고 싶다!

교육과 인연을 맺은 지 어언 30여 년이 되었다. 그 긴 시간 동안 개인적으로 참 많은 일을 겪었다. 유아와 아동을 대상으로 하는 웅변학원에서 시작해 지금 성인 대상의 강사가 되기까지 경험했던 온갖 사연들이 이 책 안에 담겨 있다. 감히 말하지만 이 책은 강사만을 위한 책이 아니다. 도전을 꿈꾸는 사람이라면 누구나 읽어도 부담이 없을 것이다.

저자로서 나름대로 이 책을 통해 용기와 즐거움을 주고자 썼음을 밝힌다. 책 한 권에 삶을 변화시킬 수 있는 강력한 희망을 넣고 싶었지만, 얼마나 충실했는지 알 수 없다. 그 판단은 이 책을 집어든 당신의 판단에 맡기겠다. 아울러 강사를 꿈꾸는 사람이나, 경력 단절 여성, 어깨가 처진 가장, 자존감이 낮아서 더 이상 낮아질 곳이 없는 모든 이들에게 나름대로 경상도 촌뜨기의 정겨움을 전해주고자 애썼다. 모쪼록 읽는 내내 가슴이 훈훈해진다면 글을 쓴 사람으로서 더할 나위 없는 기쁨이 될 것이다.

그야말로 나는 세상 무서운 줄 모르고 도전을 했던 사람이다. 성공과 실패라는 결과를 두려워하지 않았으며, 도전을 하지 않으면 성공의 맛도, 실패의 맛도 느낄 수 없다는 것을 느꼈다. 인생에서 진정한 성공은 도전하는 것이고, 진정한 실패는 도전하지 않는 것이다. 이것이야말로 내가 인생에서 깨달은 진리 중 하나다.

강의를 마치고 쉬는 시간이면 사람들이 자신의 고민을 털어놓는다. 한결같이 단점을 극대화시켜서 자신의 발목을 스스로 잡아버리고 마는 안타까운 경우를 많이 본다. 그런 사람들에게 늘 하는 얘기는 아무 의미가 없다. 그럴 때는 나를 그들에게 던진다. 내가 도전의 살아 있는 존재임을 확인시켜 준다.

그러면 "원장님은 다르잖아요!"라고 말하는 사람이 꼭 있다. 나도 사실 눈 두 개, 코 하나, 입 하나를 지닌 똑같은 사람이다. 굳이 다른 것을 찾으라면 절대 좌절하지 않고 스스로 열정을 뿜어내려고 노력한다는 것이다.

"찰지게 배워서 맛있게 남 주자!"

강사인 내가 지닌 신념이다.

과거 나는 지하철도 탈 줄 몰라 하루 종일 헤맨 적이 있었다. 서울에서 인천을 가야 하는데 수원으로 간 적도 있었고, 거꾸로 타서 황급히 내리기도 여러 번 했다. 지금은 자가운전으로 혹은 지하철 노선도를 보며 잘도 찾아간다. 좀 헤매면 어떤가? 경상도 촌뜨기가 즐겁게 강의를 하고 있지 않은가. 그렇게 수많은 시행착오를 했기에 지금은 잘 찾아가는 것이다.

나는 기본적으로 유쾌하고, 활달한 사람이다. 강의를 하면서 내 강의를 듣고 무엇인가 아주 큰 변화를 할 것이라는 기대보다는 그저 내 강의를 듣고 행복해한다면 그것만으로도 족하다. 책 속 나의 이야기들은 꿈틀꿈틀 살아 숨쉬고 있다. 이 책에 담긴 글이 단순히 잠자고 있는 활자가 아니라 용기 잃은 그들에게 살맛 나는 즐거움을 주고, 자기 인생에 도전하는 에너지로 치환되기를 희망해본다.

끝으로 책이 나오기까지 옆에서 울퉁불퉁 미완성된 나의 마지막 글까지 완벽하게 읽고 충고와 격려를 듬뿍 준 독자인 남편과 동생 나윤에게 심심한 감사를 전한다.

허정미

‖차례‖

2장 꿈이 있는 강사가 아름답다

3장 실전 강사 도전기

1장

나도 강사가
될 수 있을까?

나도 강사가 될 수 있을까?

경상도
촌뜨기의 불안

콩닥콩닥, 두근두근, 경상도 촌년 가슴속이 난리다. 마치 수술대 위에 놓여 전신마취를 기다리며 '챙챙' 겁나게 부딪히는 수술 도구들 소리로 가슴이 요동치는 모양새다. 몇 날 며칠 까만 밤을 하얗게 지새우며 얼마나 고민과 불안 속에서 방황했는지 모른다. 늘 하얀 종이 위에 계획을 적고, 그 계획 위에 선명하게 두 줄을 긋고는 깊은 생각에 잠겼다.

나란 여자, 가만히 나이를 더듬어 보니 한창 풋풋하고 상큼한 20대도 아니고, 제법 인생살이 물 만난 듯 한창 예쁜 30대도 아니다. 어느새 풋풋한 젊음과도 어울리지 못하고 그렇다고 인생사 초월한 인생 선배도 아닌, 어디에도 속하지 못하는 우울한 40대가 되어 새로운 것에 대한 도전도 없고 용기도 없어져 버린 지 오래된 듯했다.

개인적인 사정으로 나는 그동안 태어나 생활했던 경상도를 버려야 했다. 내가 판단해서 선택할 수 있는 현실이 아니었고, 무조건 인천으로 거처를 옮겨야만 했다. 피할 수 없으면 즐기라고 했던가. 나는 피할 수 없는 운명이라는 현실 앞에 더 이상 불안함도, 콩닥거리는 가슴도 느낄 여유가 없었다.

거처를 옮기기 전, 그러니까 경상도에 있을 때 나는 대학을 졸업한 후 웅변 글짓기 학원에서 초등부 발표력과 글짓기 강사로 아르바이트를 시작했고, 그것을 시작으로 스물여섯 살 때부터 웅변학원을 경영하게 되었다. 결혼해서 아이가 생기자 유아를 대상으로 어린이집과 유치원의 성격을 띤 학원을 운영해 왔고, 아이가 자라 초등학생이 되었을 때는 초등학생을 대상으로 학원을 운영했다. 아이가 중학생일 때는 중학생을 대상으로 학원을 운영했다.

유아들을 대상으로 할 때는 아이들과 눈을 맞추고 그 시선에 환하게 웃을 수 있어서 늘 얼굴이 미소로 가득했다. 그 당시에는 학원에서 점심을 직접 만들어 아이들에게 주었는데, 주방 아줌마도 되었다가, 원장도 되었다가, 차량 기사도 되었다가 하며 참으로 역할도 다양했다.

특히 중학생을 대상으로 학원을 운영할 때는 잠이 모자랄 정도로 학원생들과 많은 것을 공유하며 가깝게 지냈다. 당시 진주 지역 인문계 고등학교에는 50% 정도만 입학할 수 있었기에 인문계에 진학하기 위한 아이들의 몸부림은 대단했다.

학교에서 포기한 아이, 부모도 포기한 아이, 일명 '학교 짱'이라고 불리는 학생, 가출을 일삼던 학생 등 정말 다양한 아이들이 늘 눈앞에 있었다. 소위 인문계는 무조건 포기해야 하는 평균 30~40점 학생들이 내가 주로 담당했던 아이들이었다.

학원을 다니는 도중에도 가출해 새벽에 데리러 가기도 했던 그런 녀석들을 인문계에 보내기 위한 나만의 교육 방법인 감성 스파르타식의 훈련으로 꼭두새벽부터 함께하다 보니 어느새 건강이 조금씩 나빠지기 시작했지만, 아이들의 성적은 쑥쑥 올라서 시험 볼 때마다 감격하고 감동에 젖었다.

그런 아이들의 기특함 덕분에, 새벽까지 책과 씨름한 녀석들 노력 덕분에, 모두가 못갈 거라고 포기했던 인문계 고등학교에 입학하면서 다 같이 얼싸안고 기쁨의 눈물도 흘렸던, 나의 온 열정을 쏟았던 경상도에서의 생활이었다.

그런데 이제는 그 아이들이 성장해 대학을 가고, 군대를 가면서 나는 더 이상 그곳에서 버텨야 할 이유를 만들지 못하고 남편을 따라 이곳 인천에서 새로운 인생의 터전을 만들어야 했다. 경상도에서는 나를 알아주고, 반겨 주고, 대우해 주었는데 그곳에서 과연 누가 나를 알아줄까? 불안하고 겁나고 두려웠다.

결전의 날이 왔다. 2014년 10월 30일, 드디어 일산에 살고 있는 동생네 가까이로, 김포에 살고 있는 언니네 가까이 인천으로 남편을 따라 두려움과 불안감을 가득 안고 올라왔다. 과거 약 25년 전 대학교를 졸업하고 잠시 잠실에서 직장생활을 한 적이 있는데, 당시 서울말이 낯설고 어려웠던 나는 말수가 줄었고, 일하다가 전화를 받는 것이 가장 힘들었다. 전화상으로 상대방이 나에게 서너 번 되묻는 일이 잦았다. 사무실 전화벨이 울리면 심호흡을 한 번 하고 받았던 기억이 난다. 경상도 아가씨가 쑥스러워서 서울말 흉내를 내는 것이 여간 힘들고 부끄러운 게 아니었다.

요즘은 TV나 여러 통신 매체에서 사투리를 쉽게 접할 수 있기 때문에 표준말을 쓰는 사람들에게 사투리가 이상하게 들리거나 호기심의 대상이 아니라 마치 정겨움의 상징처럼 느껴지지만, 그 당시만 해도 입을 떼기가 왜 그렇게 부끄럽고 어색하고 힘들었는지 모르겠다.

내가 할 수 있는 말이라고는 뒤의 끝을 확실히 올려서 내뱉는 "이거 얼마예요?"('얼' 자와 '요' 자를 확실히 올리는 억양)뿐이었다. 지금 생각해 보니 자꾸 웃음이 나온다. 특히나 전화 통화 시 상대방이 내 말을 잘 알아듣지 못하고 "예? 예?" 두세 번 되물을 때마다 내 마음은 얼마나 작아졌던지.

결국 서울생활에 적응하지 못해 경상도 진주로 내려왔고, 그 길로 쭉 아주 편하게 날개 활짝 펴고 본래 나의 성향에 맞게 웅변(그때는 스피치라는 말을 쓰지 않았다) 학원 강사로 아이들을 가르치며 바쁘게 그리고 보람되게 생활했다. 부러울 것이 없었다. 그랬던 나이기에 수도권 생활이 더 불안할 수밖에….

하지만 계속 두려워하고 불안해하고만 있기에는 내 나이가 세상과 맞짱 뜰 만큼 익어 있었다. 그래서 어떻게 새로운 세상과 융합될 수 있을지를 고민하면서 내가 가장 잘하는 것이 무엇인지, 무엇에 가장 자신 있는지를 깊이 고민했다.

나는 그동안 경험한 일들을 하나씩 적어 내려가기 시작했다. 지금까지 내가 해왔던 일들, 경험들을 더듬어 보면 무언가 나를 만들어 나갈 수 있을 것이라는 확신이 서는 순간이었다. 나는 다음과 같이 많은 값진 경험들을 했기 때문이다.

(1) 학원에서 아이들과 성인을 대상으로 웅변, 구연동화, 글짓기
　　첨삭 지도

(2) 지방 선거, 국회의원 선거, 각종 보궐 선거 시 연설원

(3) 관공서와 기업 행사의 사회자

(5) 금융회사 신인 육성 코치를 거쳐 교육 매니저

(6) 다문화센터 아동발달지도사

(7) 대안학교 언어 영역 바우처 강사

(8) 기타 사람을 가르치는 교육이라는 길만 20여 년

　그렇다. 나는 웅변학원을 약 20년 동안 운영했고, 대상은 유아부터 시작해 정치 선거 연설까지 다양했다. 그러고 보니 지금까지 살아오면서 겪었던 경험들은 모두 사람을 상대로 한 일이었으며, 또한 웅변과 연설은 나의 최고의 특기였다. 그러나 나의 강점인 이런 스피치를 한 번도 체계적으로 배운 적이 없기에 여기 서울과 인천에서 살아남으려면 기초부터 정석을 알아야겠다는 생각이 들었다. 그러자 갑자기 마음이 바빠지기 시작했다.

　내가 앞으로 걸어가야 할 길을 찾기 위해 인터넷으로 엄청난 양의 정보를 검색하던 중 스피치 강사 양성과정을 알게 되었다. 이왕이면 서울 강남에서 배우고 익히는 것이 좋겠다는 판단으로 새벽 2시

에 강남의 한 센터에 상담 이력을 남겼다. 다음 날 아침 그쪽에서 전화가 왔다. 1차 전화 상담 후 주말에 강남으로 가서 자세히 상담을 했다.

초등학교 5학년 때 나는 담임 선생님의 손에 이끌려 학급 간부라는 이유만으로 교내 웅변대회에 참가해야 했다. 처음 웅변대회에 참가해서 최우수상을 받았다. 그때부터 대학 시절까지 웅변은 늘 나를 무대에 서게 했다. 웅변대회, 각종 선거 연설원, 발대식 축시 낭송 등. 그러다가 자연스럽게 웅변학원 원장까지 하게 된 이력으로 스피치 강사 양성과정을 상담하려고 했는데, 센터 측에서는 내 의도와 달리 CS(customer satisfaction, 고객만족) 강사 양성과정을 제안했다.

사실 그때 나는 CS 강사가 뭔지도 몰랐고, 시골에서는 CS라는 단어를 쓰지도 듣지도 못한 상황이었다. 아카데미 상담 부장님께 "CS가 뭐예요?"라는 질문을 할 정도로 무지했다. 상담 후 스피치 강사보다 CS 강사 양성과정을 수강하는 것이 앞으로 내가 헤쳐 나갈 강사의 길에서 보다 많은 기회를 제공받는 데 유리함을 짐작할 수 있었다. 나는 CS 강사 양성과정 주말반을 수강하기로 결정했다.

'인천으로 이사하기 전, 나 허정미를 제대로 만들어야 한다.' 이와 같은 굳은 결심으로 이사 3개월 전부터 한 번도 빠지지 않고 진주에서 강남까지 먼 거리를 고속버스로 오가며 하나하나 알아 가기 시작했다. 당시 135만 원(재직자 환급과정)이라는 수강료를 지불하고 12주 과정을 이수했다. 먼 거리에 지칠 만도 한데, 지금 생각해도 참으로 열심히 열정적이고 까칠한 수강생이었던 것으로 기억된다.

콩닥콩닥, 두근두근, 경상도 촌년의 불안감은 강남 아카데미의 CS 강사 양성과정에 접수한 그 순간부터 '할 수 있다!', '반드시 된다!'라는 자신감과 당당함으로 변신했다. 진한 긍정의 힘이 함께했다. 주먹을 불끈 쥐었다. 그리고 수없이 마음속으로 외쳤다.

"경상도 아줌마도 명품 강사가 될 수 있다!"

지침 01
강사를 준비할 때 반드시 품어야 할 마음가짐은 바로 나에 대한 '자신감과 당당함'임을 기억하자.

찰지게 배워서 맛있게 남 주자

나의 강사 신념이 바로 '찰지게 배워서 맛있게 남 주자!'다. 고민하거나 깊게 생각할 필요도 없이 처음 강사로 나서면서 저절로 만들어진 신념이다. 뼛속 깊이 경상도의 딸답게 나는 확실히 막 퍼주는 스타일이다. 한마디로 오지랖이 넓다. 나를 가까이에서 지켜보며 함께 생활해 온 소위 나를 아주 잘 안다고 큰소리치는 사람들은 거의 모두가 염려하듯 충고 비슷하게 이런 말을 한다.

"원장님은 너무 퍼주는 게 문제예요. 사람들은 그런 원장님의 마음을 잘 몰라요. 그러니 앞으로는 좀 자제하세요."

그럴 때마다 나는 웃는다. 그저 환한 웃음이 그들의 염려 섞인 마음에 대한 답변이다. 가만히 생각해 보면, 정말 오지랖이 넓어서 가끔 안 해도 될 배려를 하는 경우도 있다. 그래서 몸이 고달플 때가 많다. 그런데 가만히 따지고 보면 퍼주는 것도 나를 위한 것이더라. 결국 내 마음 편하자고 그러는 것이다. 오히려 퍼주지 않아서 느끼는 마음의 불편함이 더 힘들기 때문이다.

물론 아까울 때도 있었다. 강의안만 해도 그렇다. 그것은 하나의 작품이다. 그 작품을 만들어 내기 위해 가끔 밤을 새기도 한다. 몇몇 책을 뒤적거리고, 유튜브 동영상을 보고, 인터넷 검색을 하고, TV 드라마를 보면서도 늘 생각은 강의안뿐일 때도 있다.

강의 주제를 정하는 순간부터 고민은 계속된다. 명대사를 메모하고, 누군가와 있었던 추억을 기억해 내면서 온전히 나만의 강의안을 담은 PPT를 만들고 나면 솔직히 퍼주기 아깝다. 정말 소중하다. 스스로 뿌듯함까지 느껴진다. 이렇게 만든 것을 오지랖이 넓다는 이유로 다 퍼주는 것은 아니다. 정말 진실하게, 절실하게, 열정적으로 가슴 뛰는 모습을 보여 주는 사람에게는 퍼주고 싶은 마음이 절로 생긴다.

하지만 내 의지와는 상관없이 PPT의 주인이 바뀌는 경우도 있다. 어느새 다른 강사의 자료로 둔갑하는 경우를 가까이에서 충분히 겪었고, 그 사람의 도덕성에 망연자실해 내가 더 힘들고 아파했던 기억도 있다.

그러나 같은 강의 자료라고 해서 누구나 똑같은 강의를 하는 것은 아니다. 똑같은 감동을 주지 못할 수도 있다. 기분이 좋지 않은 부분이다. 청중에게 똑같이 공감을 얻을 수 없다는 사실을 떠나서 그냥 쓸쓸하다. 사람에 따라 다르게 풀어내고 또 다르게 표현한다. 똑같은 자료도 누가 어떻게 전달하느냐에 따라 청중은 다르게 느끼고 다르게 평가하기도 한다. 인간의 능력은 백이면 백 모두 다르므로 청중의 느낌과 평가는 온전히 강사가 감당할 몫이다.

나는 파워포인트 작업을 어려워하는 신인 강사들에게 당당하고 자신 있게 말한다.

"나는 못한다고 말하지 마라. 나는 파워포인트가 스트레스라고 말하지 마라. 포기하지 마라. 파워포인트 그거 해보니 별거 아니더라. 모방에서 시작하라. 나 또한 모방으로 시작했다."

강의에서 파워포인트가 100% 중요한 것은 아니다. 컴퓨터를 잘 다루는 사람들도 태어날 때부터 잘했던 것은 아니다. 파워포인트를 나만의 것, 창의적이고 독창적인 나만의 자료로 만들겠다는 생각부터 버려야 한다. 물론 나만의 콘텐츠도 중요하고, 그 콘텐츠에 맞는 나만의 강의 자료도 중요하다. 그러나 더 중요한 것이 무엇인지를 알아야 한다.

나 또한 모방에서부터 시작했다고 앞서 말했다. 모방으로 시작하는 지금이 바로 강사로서 첫발을 내딛는 순간인데, 처음부터 할 줄도 모르는 파워포인트에 너무 많은 시간을 투자해서 결국 강의 내용을 충분히 인지하지 못하고 총연습 시간까지 까먹는다면 어떻게 될까?

밤새 고생한 자료를 제대로 활용하지도 못해 속상할 것이다. 오히려 집으로 돌아오는 길에 스스로에게 굉장히 부끄러울 것이다. 또르르 눈물이 흐를지도 모른다. 자존심이 상할 것이다. 강사 능력 부족으로 자존감은 곤두박질칠 것이다. 어쩌면 포기를 선언할지도 모를 일이다.

과거에 나는 모방하면 안 된다는 어느 강사의 말을 듣고 강하게 부정했다. 학창 시절 시험공부를 안 해서 옆 친구나 앞 친구를 쿡쿡 찔러 답안지를 그대로 보고 쓰는 커닝과는 분명 다른 것이다. 모방한다고 해서 부끄러운 것이 아니라는 사실을 충분히 알았으면 좋겠다. 나 또한 처음에는 모방으로 시작해 지금의 허정미가 있는 것이다. 파워포인트가 어렵게 느껴질 때마다 중간중간 열이 훅훅 올라오기도 했었다.

그런데 모방이라고 해서 처음부터 끝까지 남의 자료를 그대로 사용하라는 뜻은 아니다. 본인의 노력이나 열정은 필수다. 손 하나 까딱하지 않고 계속 모방만 한다면, 그 사람은 게으르고 무능하며 강사의 자질이 없는 것이다. 당장은 눈에 띄게 표가 나지 않을 수도 있지만, 어느 순간 설자리가 없음에 불안하고 우울해질 것이다. 나는 여럿 보았다. 자존감까지 떨어져 회복하기 힘든 지경에 이른 강사들의 안타까운 모습을.

반듯한 자신의 자리는 누군가가 만들어 주는 것이 아니라 자기 자신이 만드는 것이다. 처음에는 모방으로 시작했지만 열심히 연구하고 노력하며 반복적으로 연습한다면 된 것이다. 어느 순간 자기만의 PPT가 만들어져 있을 것이고, 그 사람은 강사로서 자질이 충분하다.

나는 모방한 PPT에 나만의 방식으로 주제에 맞는 이미지를 추가하거나, 애니메이션을 다르게 표현해 본다. 사진이나 동영상도 추가한다. 하나하나 성장해 가는 내 모습이 정말 좋아서 나 자신에게 박수를 치기도 했다. 내가 변화하고 있었다. 모방으로부터 시작한 내가 어느새 파워포인트로 나만의 강의안을 만들고 있었다.

모르면서 알려고 하지 않고, 배우려 하지도 않는 강사들을 종종 본다. 강사에게 게으름만큼이나 무책임한 것은 없다. 부지런하면 얼마든지 느낄 수 있다. 자료의 홍수 속에서 기쁨, 보람, 뿌듯함을 느낄 수 있다. 열정적이고 자신감 넘치는 강의를 할 수 있다. 그렇게 시작한 강사들은 자료를 공유하는 데에도 넉넉하다.

모방도 뒷받침되는 연습과 노력이 있어야 비로소 하나의 꽉 찬 강의안으로 탄생할 수 있다. 내 마음에 쏙 드는, 남들과 차별화된 강의를 원한다면 끊임없이 배우고 익혀라. 늘 공부하라. 늘 공부하는 강사가 바로 찰지게 배우는 강사다. 늘 연습하고 노력하는 강사가 청중에게 잘 전달하는 강사다. 즉, 맛있게 남에게 준다.

강의를 하는 목적은 변화다. 누군가 내 강의를 듣고 공감하며 변화했다면 그것은 성공적인 것이다. 그것은 강사가 '전달'을 잘한 것이며, 그것이 바로 찰지게 배워서 맛있게 남 준 것이다. 오늘 이 강의를 하기 위해 얼마만큼의 노력과 연습을 했는지 강사 본인은 정확히 알고 있다. 찰지게 배우고 늘 스스로 학습하며 기록하고 연습해서 아주 맛있게 남에게 전달하는 가슴 설렘과 행복을 느끼는 강사가 되자.

지침 02
모방은 창의성의 시작이다. 얼마만큼 노력하고, 얼마만큼 연습했는지 알 수 있는 실전 같은 리허설을 해야 한다는 것을 기억하자.

경상도 아줌마,
강남 입성

시작이 반이라고 했던가. 경상남도 진주시에서 서울특별시까지의 거리는 327.4km, 고속도로 상황이 원활해 밀리지 않고 시원스럽게 쭉쭉 잘 달린다면 약 4시간 반 정도 소요된다. 진주에서 서울 강남에 위치한 아카데미에 주말마다 빠지지 않고 교육을 받으러 간다는 것은 정말 쉬운 일이 아니었다.

진주에 사는 주위 사람들은 그런 나를 이해하지 못하고 "지금 나이가 몇인데, 굳이 왜? 지금 그런 걸 배워서 뭐하려고?"라며 부정적인 반응을 보였다. 또 어떤 이들은 나를 과대평가해서 "당신이 배울 게 뭐가 있어? 쓸데없이 시간만 낭비하지"라며 의아해했다.

하지만 나는 그들에게 경상도 아줌마도 명품 강사가 될 수 있음을 보여 주고 싶었다. 전문적인 일을 하면서도 그 일에 대한 체계적인 교육을 받은 적이 없는 사람들의 가슴속에는 늘 아쉬움이 자리한다. 그 무엇인가에 대한 끝없는 목마름 말이다. 100% 만족하지 못하는 아쉬운 마음은 열심히 일을 해도 자꾸만 뒤를 돌아보게 한다. 그런 허전한 감정은 적어도 자신이 하는 일에 열정과 자부심, 애착이 없다면 느낄 수 없고 공감도 되지 않을 것이다.

나는 나를 염려하고 쓸데없는 일이라 여기는 사람들에게 보여 주고 싶은 마음이 강했다. 아니, 나 자신에게 당당해지고 싶은 자존심이 더 컸는지도 모른다. 멋지게 해내서 '너란 사람, 정말 대단하다'라는 놀라움과 성취감에 으쓱 자랑이라도 하고 싶었던 것 같다.

나는 무엇인가를 배우고 익히는 활동을 참 좋아한다. 그래서 첫 시간의 긴장과 떨림, 설렘 등의 감정들 또한 좋아한다. 강남 역삼동의 아카데미 CS 강사 양성과정 강의실도 그런 곳이었다. 강의실 책상 앞에 앉아서 듣고 느꼈던 그 벅찬 기분을 잊지 못한다. 강의 수강 첫 주, 첫 수업 시간을 잊을 수가 없다. 어떤 것이든 '첫'이란 글자가 들어가면 특별하다. 첫사랑, 첫 느낌, 첫 키스, 첫정.

나 또한 강사생활을 하고 있는 지금까지도 그 첫 수업의 기분을 잊지 못하고 있으며, 책임감이 느껴지곤 한다. 그때 첫 강의의 문을 연 강사님은 상담학을 공부하고 당시 상담센터를 운영한 분으로 기억된다. CS 강사의 오픈 마인드가 주제였는데, 강사 본인만의 차별화된 역량으로 색채를 이용한 심리 상담 및 분석을 통해 강사와 수강생 간에 마음을 여는 시간이었다.

그날의 첫 수업이 강사 양성 기간 12주 중 가장 중요한 시간이었음을 지금도 잊지 않고 있으며, 그분께 고마운 마음을 간직하고 있다. 나 또한 강의 첫 시작 10분 안에 강렬하게 청중의 마음을 열 수 있는 도형심리를 현재 강의 기법으로 쓰고 있다. 당신은 다른 강사의 좋은 점은 받아들이고 나쁜 것은 과감히 버려야 한다.

잠시 눈을 감고 당시 상황을 떠올려 본다. 강의가 시작되었고, 강사가 본인의 프로필을 아주 멋지게 다듬어 우리 수강생들에게 소개한다. 자신의 과거, 현재, 미래의 목표까지 이야기하자 우리는 부러움의 눈짓과 몸짓을 토해 냈고, 마음속으로 '나도 저렇게 되고 싶다!'라는 동기가 생겼다.

부러워하는 수강생들의 분위기에 강사는 여유로운 미소를 보이며 4절지 크기의 흰 도화지 한 장씩과 12색 색연필 세트를 나눠 주면서 도화지의 중심부에 별을 그리라고 했다. 크기 등 특별히 정해진 바는 없었으며 각자의 생각대로 그리면 되었다. 그리고 자기가 그린 별을 하나하나 색연필로 색칠해서 별의 내부를 채우는 방식이었다.

(1) 본인이 가장 좋아하는 색으로 색칠하세요.
(2) 본인이 가장 싫어하는 색으로 색칠하세요.
(3) 현재 본인의 기분을 색으로 나타낸다면?
(4) 본인에게 어울리지 않는 색을 칠하고 이유를 쓰세요.
(5) 본인에게 가장 잘 어울린다고 생각하는 색으로 색칠하세요.
(6) 본인에게 어울렸으면 좋겠다는 색으로 색칠하세요.

모든 지시에 대한 색칠하기가 끝나자 강사는 한 사람 한 사람의 색칠된 별을 보면서 그 사람의 성격, 과거, 현재의 기분과 긍정적인 미래의 모습을 설명했다. 첫 시간에 수강생들의 마음을 열어 주며 분위기를 만들어 갔던 것이다. 그런데 강사는 내 순서가 중간임에도 불구하고 건너뛰고는 다른 사람들의 그림을 모두 해석해 주었다. 그리고 일부러 의도한 것처럼 내 그림을 맨 마지막에 보여 주면서 해석을 하기 시작했다. 지금도 나는 그 별 그림의 해석을 잊지 않고 있다.

"선생님, 이 도화지에 그리기가 좁지는 않으셨나요?"

"아니, 뭐…."

"선생님은 한마디로 말해서 자연으로 치면 큰 산입니다."

"그동안 너무 배려만 하고 살아오셨네요. 앞으로는 욕심을 좀 부리셔도 됩니다. 선생님은 이 무대가 너무 좁죠? 큰 무대를 이끌어 갈 분입니다."

아팠던 과거는 토닥거려 주고, 현재에는 도전할 수 있는 용기를 주며, 미래에 대해서는 목표와 계획을 세울 수 있게 인도함으로써 개강 첫날 수강생들의 마음을 열어 움직인 그 강의를 나는 지금도 잊지 못하고 있다.

그런 만큼 첫 개강이 얼마나 중요한지를 충분히 배우고 가슴에 담아 두었다. 가끔 마음에 차지 않는 강의 내용도 있었고, 강사들의 강의주도법도 있었다. 하지만 그 모습들 또한 내가 배우고 익혀야 할 강사강의주도법이라고 여겼다. 교육 중 거치게 되는 세 번의 모의시강을 실전처럼 준비했다. PPT도, 교육 내용도 긴장감을 느끼며 아주 열심히 준비하고 또 준비해서 실전 같은 분위기를 만끽했다.

가끔 모의시강 때 긴장되거나, 준비를 하지 않아 결석하는 사람들이 있다. 또는 다음에 하겠다고 건너뛰는 사람도 있다. 이는 어리석은 행동임을, 게을러서 뒤처지는 행동임을 알고 확실히 반성해야 한다. 초보 강사에게는 모의시강 한 번이 실제로 강의를 한 것과 똑같은 체험임을 직접 느낄 수 있을 것이다.

나는 12주 과정의 CS 강사 양성과정을 아주 잘 마무리했고, 시범 강의 또한 완벽한 피드백을 받았다. 그 피드백 속에서 자신감과 용기를 얻었다. 경상도 아줌마도 명품 강사가 될 수 있다는 나의 결심에 다시 한 번 강한 용기의 기운을 불어넣을 수 있었다.

강사가 반드시 버려야 할 생각은 '연습이니까, 이건 연습이잖아'라는 것이다. 이런 생각을 하다 보면 연습을 슬쩍 건너뛰기도 하며, 긴장하지 않고 대충대충 넘어가 버리기도 한다. 강사에게 '나중'이란 없다. '다시'라는 것도 창피한 일이 될 수 있다. 기회를 잃을 수도 있다. '다시'가 다시는 돌이킬 수 없는 끝이 되어 버릴 수도 있다.

강사에게 오픈 마인드는 기본이다. 양성과정의 첫 수업 시간, 자리에 앉는 자세부터 고쳐야 한다. 강사를 바라보는 관점도 수강생의 입장이면 안 된다. 철저히 본인이 강사임을 인식해야 한다. 지금 앞에서 강의하는 강사가 바로 자기 자신이 될 수도 있다는 것을 늘 염두에 두고 하나하나 계획하고 생각해야 한다.

이런 마음 자세로 강사 양성과정을 수강하는 것이 바로 시작이라 할 수 있다. 이미 강사가 된 자신의 미래를 바라본다면 부정적인 생각은 있을 수 없다. 마음에서부터 철저히 강사로서의 자세가 필요하다. 가끔 팔짱을 끼고 강사를 바라보는 이가 있다. 이런 행동으로 결국 손해 보는 사람은 자신이다. 적어도 이 책을 읽었다라면, 얼마나 잘하나 하며 속된 말로 강사를 '간 보는' 엄청난 실수를 행하지는 않을 것이다.

'역지사지'라는 말이 있다. 피교육자 입장에서 강의를 듣지만 때로는 교육자 입장에서 강사의 모습을 바라볼 필요도 있다. 좋은 점은 모방하고, 좋지 않은 점은 가려낼 줄 아는 지혜로운 마음의 눈을 가질 수 있을 것이다. 그 지혜로운 눈으로 스스로 당당하고 멋진 강사의 모습을 갖춰 나가게 될 것이다.

개강일, 강남에 입성한 첫날, 첫 수업부터 나는 나를 믿었다. 시작이 반임을 믿었다. 그 결과, 나는 과정을 끝내기도 전에 강남의 유명한 아카데미로부터 강사직을 제안받았다. 기쁘고 놀라웠다. 경상도 촌뜨기에게 그런 제안은 놀라움 그 자체였다. 나를 인정하고 신뢰해 주시는 정 부장님이 고마웠다.

그런데 중요한 문제가 하나 있었다. 이제 겨우 CS를 경험하기 시작한 내가 스스로 강의안을 준비할 수 있을까 하는 것이었다. 강사 제안에 대해 '예스'인지 '노'인지가 중요한 것이 아니었다. 철저한 준비도 없이 강의를 하다가는 큰 낭패를 볼 것이 뻔했다.

물론 그 교과목을 강의할 수 있는 능력을 먼저 갖추어 놓고, 할 것인지 말 것인지 선택하는 것이 올바른 순서일 것이다. 그것은 실로 엄청난 내공의 결과를 낳는다. 나아가 철저히 준비한 사람만이 느낄 수 있는 강력한 힘을 발휘할 수 있는 강사 최고의 무기라 할 수 있다.

지침 03

자신을 믿어라. 나를 믿는 자신감과 당당함은 내가 하는 일에 대한 결과를 500% 끌어올릴 수 있다. 반대로 '내가 할 수 있을까?' 라고 의심하며 자신감을 상실한다면 내가 해낼 수 있는 일이었음에도 불구하고 50%에도 못 미치는 결과를 가져올 것이다.

4

사투리,
그 통곡의 2시간 반

"선생님은 연예인이 아니잖아요!"

"강사 하실 거예요?"

"나는 선생님만 보면 너무 걱정돼요."

강남의 아카데미에서 12주간의 CS 강사 양성과정을 수료하고 자격증을 취득할 때까지 모의시강을 세 차례 진행했고 세 명의 각각 다른 강사에게서 피드백을 받았다. 그 강사들의 피드백 가운데 공통점은 바로 사투리에 대한 것이었다. 세 명의 강사가 마치 약속이나 한 듯 나에게 이렇게 말했던 것이다.

그런데 당시 강남 아카데미의 인기 강사가 나에게 내놓은 또 다른 피드백은 어둠을 환히 비추는 빛과 같았다.

"강의 많이 해보셨죠? 이미 강사님이죠? 사투리 고치려고 하지 마세요. 여태껏 사투리 많이 들어 봤지만 이런 느낌은 처음이에요. 선생님의 사투리는 이상하게도 쏙 빨려 들어가는 묘한 매력이 있어요. 마치 집중하지 않으면 안 될 것 같은 그런 매력이요. 발음도 정확하고 전달력이 굉장히 강하기 때문에 사투리를 고치려고 애쓰지 않아도 될 것 같아요. 강렬하고 열정적인 강의, 정말 잘 들었습니다. 제가 오히려 감사하다고 말씀드려야 할 것 같아요. 정말 잘 들었습니다."

솔직히 그 당시는 인천으로 이사 온 지 두 달 남짓 된 시기였다. 경상도 사투리라는 억양에 대한 불안감이 엄청났다. 미래를 불안해하고 두려워하고 있던 나에게 그 피드백은 정말이지 큰 힘이 되어 주었다. 두려워 말고, 망설이지도 말고, 꿋꿋하게 걸어가게끔 밀어 주었다. 내가 꿈꾸고 있던 모양대로 강사의 길을 갈 수 있도록 큰 용기와 도전할 수 있는 자신감을 심어 주었다. 그 자신감으로 원래 능력보다 더 당당하게 모의시강에 참여할 수 있었다. 그래서 나의 능력보다 500% 플러스되는 결과가 나타난 것이 아닌가 생각한다.

아카데미 수료 후 강남에서 강사 제의를 받은 것은 그 자체로 강사의 길에 대한 자신감이 되었다. 어깨가 으쓱해졌다. 내가 찾아서 선택할 수 있다는 자신감도 가져다주었다. 앞으로 제2의 고향이 될 인천의 강사 수준과 교육 수준을 알고 싶었다. 그것이 인천에서 강사생활을 하기 위한 준비 단계라고 생각했다.

로마에 가면 로마법을 따라야 한다고 했던가. 인천에서도 마찬가지였다. 나는 인천에 있는 한 학원에서 국비과정으로 진행하는 강사 양성과정을 수강했다. 그래야만 인천에서 강사활동을 할 수 있는 기회가 올 것 같았다. 아니, 그렇게 광고를 했다는 말이 정확하겠다.

그러나 첫 수업부터 실망하고 말았다. 시간표에 표기된 강사와 다른 강사가 수업을 했으며, 수업 내내 이어지는 수준 이하의 내용에 기대가 저절로 사라졌다. 인천에서 강사 양성과정을 수강한 두 달이 나에게는 오히려 기운을 빼버리는 시간이 되었다.

그래도 학원을 믿고 견뎌 나갔다. 과정이 거의 끝나갈 무렵에 상담이 진행되었는데, 향후 진로에 대한 상담이라고 했다. 하지만 그 상담은 국비로 진행되는 수업에 따르는 보고 서류를 준비하는 것에 불과한 형식적인 절차였다. 진정한 진로 상담이 아니었다. 수강생들의 실력도 모르는 채로 진행되었기 때문에 하는 말이다.

강사가 주도적으로 주입식 강의를 하고, 어떤 테스트를 거친 과정도 아니었기에 능력이 평가될 수 없는 상황이었다. 상담 다음 날이 수강생을 평가하는 시범강의를 하는 날이었다. 학원 실장이 상담을 맡았는데, 소파에 앉는 나에게 처음 툭 던진 말이 정말 황당했다.

"강사 하실 거예요?"

"네. 안 할 거면 이 과정을 왜 듣겠어요?"

"나는 선생님만 보면 걱정이에요."

"왜요?"

"사투리 때문에요."

"사투리를 쓰면 강사 못 하나요?"

"아무래도 좀…."

너무 어이가 없고 자존심이 상해서 멋쩍은 미소를 짓고 그 자리에서 일어나 나왔다. 황당하고 화가 났지만 강사급도 안 되는 사람의 말에 신경 쓰지 말자고 생각했다.

하지만 자존심을 다친 상처로 이미 내 얼굴에는 미소가 사라지고 없었다. 두 달 과정이 진행되는 내내 학원에서 보여 준 많은 거짓과 엉터리 내용으로 내 믿음은 바닥을 쳤기에 기대는 이미 없었지만 그래도 속상한 마음은 사그라지지 않았다. 억지로 겨우 속마음을 억누르고 아무렇지 않은 듯 그날 수업을 마친 뒤 인사를 하고 학원 계단을 내려왔다. 갑자기 내가 초라해지기 시작했다. 내 모습이 작게 느껴졌다.

"나는 머리가 아니라 가슴으로 강의를 하고 싶은 사람입니다"라는 말로 야무지게 강남 아카데미의 강사 제안을 거절한 나였기에, 실력도 없는 사람이 알지도 못하면서 사투리 운운한 것이려니 무시하면 된다고 여길 수 있을 줄 알았는데 아니었다.

그날 집으로 돌아오는 버스 안에서 울컥울컥 자꾸만 뭔가가 올라왔다. 애써 참으며 집에 도착해 아파트 현관문을 열고 황급히 방으로 들어온 나는 안심이라도 된 듯 서러움에 꺽꺽 참을 수 없는 대성통곡을 터뜨렸다. 걷잡을 수 없이 마구 터져 나왔다. 진정이 되지 않았다.

뭐가 그렇게도 서럽고 서러운지 통곡은 두 시간 반이나 계속되었다. 긴 통곡이 끝나고 나는 정신을 차렸다. 컴퓨터를 켜고 지금 이 통곡의 눈물을 토닥거려 줄 누군가를 찾기 시작했다. 그러고 나서야 나는 진정할 수 있었다.

한번은 이런 적도 있었다. 잘못된 정보 입력 오류로 한 통의 전화를 받았다. 그 또한 사투리 때문에 빚어진 사건이었다. 사투리를 쓰는 강사는 강의를 하지 말라는 내용의 전화였다. 해당 강사는 내가 아니었지만, 사투리라는 말에 나로 단정 짓고 나에게 전화를 한 것이었다.

그 사람이 잘못 착각한 것이었지만 나는 내가 강의를 하지 않았다는 사실을 말하지 않았다. 왜냐하면 강사의 조건에 사투리를 사용하면 안 된다는 말도 안 되는 조항은 없었기 때문이다. 나는 오히려 그에게 반박했다. 나의 반박에 전화 속 주인공이 이렇게 말했다.

"선생님은 연예인이 아니잖아요!"

이건 또 무슨 말인가? 참으로 어이없는 사람들이 많다. 연예인은 되고, 일반인은 안 된다는 논리라니, 대체 무슨 기준의 차별이란 말인가? 물론 이 소동은 잘못된 정보 입력 때문임이 밝혀졌다. 그러나 다시는 '사투리' 운운하지 못하도록 못을 박았다. 오히려 나를 인정하고 나에게 달려올 수밖에 없게 만들어 버렸다.

이렇게 어이없는 사람을 이기는 방법은 오로지 실력 기르기다. 감정을 숨기고 실력으로 보여 주어야 한다. 이것이 진정 이기는 것이고 그들을 꼼짝 못 하게 만드는 힘이다. 마치 사투리를 쓰면 강사가 될 수 없다는 듯한 이야기를 면전에서 들었을 때는 더 어처구니가 없었다. 그나마 수화기를 통해 귓전으로 들었을 때가 그래도 좀 나았다.

지금도 나는 '사투리', '연예인', '강사'라는 단어를 묘하게 연결해서 좋은 결과로 보여 주겠노라는 의지를 가슴에 담고 있다. 그런 단어들이 사실 실력 있는, 나름 알아주는 열정적인 강사의 입에서 나온 말이었다면 그렇게 서럽거나 자존심이 상하진 않았을 것이다. 강의가 무엇인지도 모르며, 강의에 대한 기본도 지키지 않고 온갖 거짓이나 눈속임으로 프로그램을 운영하는 기관의 실장이라는 사람의 입을 통해 면전에서 들었기에 더욱더 용서가 되지 않았다.

나는 초보 강사나 강사 양성과정에 입문하는 수강생들에게 자신 있게 이야기한다. 절대로 사람을 선입견이나 편견을 가지고 바라보지 말 것이며, 자신이 보고 있는 것이 모두 다 옳고 전부인 양 거만 떨지 말라고 말이다. 그리고 자신에게 소위 단점이라고 여겨지는 부분이 있다면 그것을 고쳐서 최소화하라고 당부한다.

만약 당신에게 그 단점이 고치기에는 너무 힘들고 또 많은 시간을 소모해야 한다면, 다른 사람에게 피해를 주지 않는 이상 그것을 단점으로 분류하지 말기 바란다. 편견, 선입견으로 스트레스 받지 말고 차라리 그것을 자신의 힘, 다른 사람은 감히 꿈도 꾸지 못하는 강력한 무기로 만들기 바란다.

지침 04

당신이 반드시 해야 하는 것이 있다면 바로 고정관념과 편견을 버리는 일이다. 고치기 힘든 단점을 놓고 고쳐지지 않는다고 스트레스를 받거나 자신을 힘들게 하지 말고, 역으로 이용해 자신만의 경쟁력 있는 강력한 무기로 만들어라. 성공이 눈앞에 다가오고 있음을 느낄 수 있을 것이다.

멘토의 힘,
치유

나는 지금까지 한 번도 '안 된다'는 생각을 해본 적이 없다. 초긍정적인 성격 탓이 아닐까 싶다. 나는 항상 '그러려니, 그럴 수도 있지'라는 생각이 먼저 든다. 그래서 세상일에는 그다지 화가 나지 않는다. 그러나 이상하게도 사사로운 감정, 즉 사람을 모독하거나 비인간적으로 대하는 등 자존심을 건드리는 일 앞에서는 욱한다. 자존심이 굉장히 강한 성격임에 틀림없다.

그분은 아마 나를 모르실지도 모른다. 그분은 내가 누군가로부터 사투리 때문에 자존심에 치명타를 입고 통곡하며 상담을 청했던 기억이 없을지도 모른다. 하지만 그분을 만난 것은 나에게 평생 잊지 못할 치유의 현장이었다.

　며칠 전, 지인을 통해 그분이 현재 A대학교와 B대학교에서 객원 교수로 활동하신다는 소식을 접한 나는 정말 반갑고 기뻤다. 나의 성공을 이야기할 시간이 주어진다면 나는 그 정 원장님 덕분이라고 서슴없이 말할 것이다. 사투리에서 비롯된 2시간 반의 대성통곡 후 컴퓨터 앞에 앉은 나는 이리저리 정보의 바닷속을 헤매기 시작했고, 40분쯤 후 이야기가 통할 것 같은, 정통 웅변을 하신 정 원장님을 온라인에서 만날 수 있었다.

　웅변이라는 단어가 사라지고 있는 현실 속에서 진정한 웅변인으로서 사람들에게 정통 스피치 기법을 전수하는 그분은 자신감 있고 당당한 자기 자신의 모습을 되찾아주는, 딱 내가 찾는 멘토 같은 분이셨다. 그분은 그렇게 가슴속에 훅 들어왔고, 인터넷 정보를 총동원해 간절한 마음으로 카카오톡을 보냈다. 조금 늦은 저녁 시간이라 내일 볼 수도 있다는 생각에, 마음 한구석 끓어오르는 열정을 어떻게 분출해야 할지 몰라 최대한 감정을 꾹꾹 누르고 눌러 사연을 남겼다.

　현재 나의 답답한 마음을 표현했고, 분명 나와 정서가 같은 분이라면 통할 수 있을 것이라는 막연한 믿음이 있었는데, 그 믿음은 적중했다. 카카오톡을 보낸 뒤 정확히 30분 후에 답장이 왔다. 그 글 속에서 내가 얼마나 답답해하고 있는지 충분히 느껴져 당장 답장을 하지 않을 수 없었다고 하시면서, 내일 교대역 근처에서 2시에 강의 가 끝나니 시간이 되면 교육장으로 오라는 내용이었다.

　망설일 것도 없이 이것을 운명이라고 받아들인 나는 다음 날 그분을 만날 수 있었다. 그분은 복도에서 걸어오는 나를 보고 순간 '내가 무슨 얘기를 해주어야 그녀가 날 만난 걸 후회하지 않을까?'라는 생각과 함께 처음으로 5분 일찍 강의를 마무리했다고 하셨다.

　정 원장님과 만나 상담을 하면서 1시간 정도가 흘렀을까?

　"아직도 사투리 얘기를 하는 학원이 있어요? 그 학원 한번 가보고 싶네. 당신은 이미 모든 것이 갖추어져 있습니다. 지금 어느 누구도 당신을 가르칠 사람은 없어요. 다른 사람 밑에 들어가 일을 할 게 아니라 본인 명의로 사업자 등록을 하세요. 당신을 보니 옛날에 내가 형편이 어려워 옥상에서 아이들을 처음 가르치던 시절이 생각나네요."

　개인사업자 등록에 대해 자세히 알려 주시면서 낮에는 아파트에서 아이들에게 웅변을 가르쳐 경제적인 면을 충당하고, 저녁에는 서서히 성인들을 가르칠 준비를 하라고 핵심 팁까지 귀띔해 주셨다.

　경제적인 부분이 충당되어야 저녁에 자기계발을 할 수 있다는 아주 현실적인 걱정까지도 아끼지 않으셨다. 집으로 돌아오는 지하철 안에서 나는 뜀박질하는 가슴을 느낄 수 있었다. 한편으로는 가슴이 뻥 뚫리는 치유 캠프를 다녀온 듯한 개운함에 자꾸만 싱글벙글 미소가 번졌다. 그리고 용기와 도전이, 그 어떤 것에도 흔들리지 않을 강력한 힘으로 나를 지탱해주는 것 같은 느낌을 받았다.

2015년 2월 28일! 이날은 바로 엠스피치로 개인사업자 등록을 한 날이다. 나는 정 원장님의 조언대로 다음 날 바로 세무서로 향했다. 내 이름 허정미의 '미' 자를 따서 '엠스피치'라고 상호를 정하고 개인사업자의 대표로서 명함을 갖게 되었다. 발급된 신규 사업자 등록증을 보며 나는 또다시 '용기와 도전'으로 두 주먹을 힘주어 불끈 쥐었다.

과거 진주에서 웅변학원을 20여 년 경영해 온 경험이 있어서인지 두려움도 없었다. 또 늘 그랬듯이 안 된다는 부정적인 생각은 하지 않았다. 인간의 뇌는 상상과 현실을 구별하지 못한다고 한다. 지금 당신의 손바닥 위에 샛노란 레몬이 하나 있다고 상상해 보라. 그리고 그 레몬을 입으로 가져가 크게 한입 베어 물어 보라. 어느새 당신의 입속에는 레몬의 신맛으로 침이 고여 있을 것이다. 사람의 마음속에는 생각이라는 공장이 2개 있다. 하나는 긍정의 공장, 또 하나는 부정의 공장이다. 당신은 어떤 공장을 선택할 것인가?

개인사업자 등록 후 나는 '엠스피치교육원 대표 허정미'라는 명함을 쥐고 초긍정적인 마음으로 어디서든 더 당당하게 마이크를 잡고 청중들과 소통할 수 있었다. 아주 즐겁게, 그리고 아주 행복하게 말이다.

지침 05

기회는 특별한 때만 오는 것이 아니다. 늘 우리에게 손을 내민다. 긍정적인 마음으로 바라보라. 그 기회를 붙잡을 용기와 도전이 지금의 나를 만든다. 행복할지, 아니면 불안할지 선택하라.

내가 다시 원장이 된 건
엉터리 원장 때문이야!

경상도에서 20여 년 교육의 길을 걸었던 나의 온몸 구석구석에는 사람 냄새 짙은 정겨운 원장으로서의 마인드가 묻어 있다. 20대! 풋풋하고 쳐다보기만 해도 미소가 번지는 상큼했던 그 20대 시절, 한 웅변학원에서 웅변과 글짓기 강사로 아르바이트를 하며 만났던 '원장'의 모습은 교육 사업을 이어 오면서 결코 잊을 수 없는 훌륭한 롤모델이었다.

인성과 실력을 겸비한 원장, 적어도 원장이라면 자신의 욕심을 강사에게 내보이지 않아야 한다. 또한 강사의 공을 자기의 공인 양 도둑질하지 않고, 조바심 내지 않고 여유로우며, 다른 강사의 실력을 진심으로 인정하고 칭찬할 줄 알고, 사람 볼 줄 아는 눈을 가지고 있어야 한다.

긴 세월을 학원장으로, 경영자로 어깨가 무거웠던 나는 학원 교실을 연상시키는 하얀색의 사각형 공간이 싫었다. 그래서 진주에서의 생활을 정리하고 인천으로 올라오면서 막연하게 프리랜서로 일하고 싶다는 생각을 했다. 다른 사람의, 직원의 생계를 짊어지는 일을 또다시 하고 싶지 않았다.

그런 생각으로 이사 오기 전 고속버스에 몸을 싣고 진주와 강남을 오가며 강사 양성과정을 열심히 마쳤다. 프리랜서로, 1인 기업으로 자유롭게 일하는 꿈을 꾸면서 말이다. 그래서 '엠스피치'라는 1인 기업 대표로 사업자등록증도 얻었다. 명품 강사의 꿈을 이루기 위해 나는 늘 정보의 홍수 속에 살았고, 그러면서 여러 아카데미의 원장들을 만나게 되었다.

하지만 수도권에서 내가 만난 모 원장의 모습은 완전히 엉터리였다. 그녀의 번지르르한 언변과 얄팍한 인간성, 꽉 들어찬 욕심과 이기심에 실망이 컸다. 진실성, 진정성을 잊고 살아가는 모습을 당연시하는 그 원장을 보면 분노가 일었다. 그녀의 한심한 마인드가 어처구니없어 불쑥불쑥 화가 치밀었다. 나처럼 실망할 예비 강사가 생기지 않도록 해야겠다는 사명감이 생기면서 나는 그것을 운명처럼 받아들였다.

문제의 그 원장은 수강생을 사람이 아니라 돈으로만 보는 것도 모자라, 나랏돈이라고 대충 짠 교육 프로그램을 운영하면서도 잘못을 정당화하기 위해 이런저런 핑계를 늘어놓았다. 시간표에는 경력 강사의 이름을 적어 놓고 실제로는 강사료를 아끼기 위해 초보 강사를 활용하며, 재롱잔치 수준의 강의를 오히려 기회를 준 것이라고 포장해 절실함을 미끼로 강사를 희망하는 사람들을 농락하는 원장의 너무나도 당당한 모습을 보고 나는 말문이 막히고 말았다.

자기보다 실력 있는 강사는 원장이라는 권력으로 무시하고 막말하는 '갑질' 행태까지, 정말 기가 찼다. 자신도 분명 강사여서 다른 강사의 마음을 더 잘 알고 이해할 수 있을 텐데 '역지사지'는 들어 본 적도 없는 듯 어쩜 그렇게 모욕감을 주고 무시할 수 있는지 납득이 가지 않았다.

분명 시간표는 자신의 강의 시간인데도 아무렇지 않게 무시하며 개인적인 취미생활을 공식적인 연수라는 말로 둔갑시켜 놓기도 했다. 자율학습으로 수강생들끼리 토론하는 시간을 만들어 놓고 정작 자신은 사적인 시간을 즐기는 모습을 보고 황당함과 어이없음에 벌어진 입이 다물어지지 않았다.

그 얄팍하고 파렴치한 상술을 애써 모른 척하고, 꿈틀거리는 정의감을 억눌러 보려 했지만 송충이는 솔잎을 먹어야 산다고 했던

가. 결국 난 또다시 자유를 반납하고 원장의 길을 선택할 수밖에 없었다. 신뢰감 있는 원장의 모습을 보여줘야 한다는 신념에 교육법인의 평생교육원 원장이 될 수밖에 없었다.

지침 06

청중은 강사가 겉만 번지르르하게 거짓을 말하는지, 진정성 있는 공감소통을 하려는지 다 안다. 강사는 책임감을 가지고 자신의 실수나 잘못을 인정할 줄 알아야 성공한다. 강사는 만능이 아니다. 마치 모든 것을 다 알고 있는 양 또는 모든 걸 다 알고 있어야 한다고 착각하지 말라. 그러나 자신의 영역에서 최선을 다 하는 데 게을러서는 안 된다. 부지런하고 겸손한 자세는 필수 요건이다.

당당한 프로가 아름답다

7

자격증은
학습의 증거일 뿐

　강사라면 누구나 강의 주제에 대한 고민을 할 것이다. 특히나 초보 강사라면 더욱 고민스러울 수밖에 없다. 강사가 되고자 준비하는 사람들조차도 이렇게나 많은 분류의 강의가 있는지 모르고 시작하는 경우가 많다.

　나 또한 이렇게 복잡한 강의 분류에 대해 정리가 되지 않았던 초보 시절이 있었다. 경상도에서는 막연하게 웅변과 연설, 구연동화 정도만 알고 있었다. 서비스라는 단어는 있었지만 사람들 입에 오르내리는 일이 드물었고, 나는 영어로 CS가 고객만족이라는 뜻으로 널리 통용되는 것도 모르고 있었다. 이러니 내가 얼마나 혼란스러웠겠는가. 머리로도 가슴으로도 도저히 정리가 되지 않아 두통까지 호소하기도 했다.

비싼 강의를 내 돈 내고 자꾸 들을 수도 없는 형편이었고, 게다가 내가 선택했더라도 그 강의가 그만한 돈을 지불하고 들을 가치가 있는지, 당장 나에게 필요한 내용인지 판단할 능력도 없었던 터라 무작정 돈을 내고 강의를 듣고 자격증을 딸 수만은 없는 상황이었다.

솔직히 말하면 누군가가 옆에서 속 시원하게 설명해 주는 사람이 없음에 더 답답하고 갑갑했으며, 때로는 나 자신의 무능력이라 여겨져 자존감까지 낮아지면서 우울 증세까지 나타났었다. 어느 아카데미에 상담 이력이라도 남기면 전화를 걸어와, 결국은 자기네 강사 양성과정을 들어야만 한다는 결론으로 상담이 끝이 난다.

그렇다고 상담사의 말이 100% 신뢰감을 주는 것도 아니었다. 강사 양성과정만 들으면 강의할 기회를 준다는 말도 안 되는 소리로 그저 등록률만을 높이려는 수법이 내 눈에는 다 보였다.

내가 누구인가. 경상도에서 20여 년 학원을 경영하면서 아이들, 학부모들과 소통해 온, 적어도 사람을 상대하는 일로 치자면 제법 큰소리 칠 정도의 이력을 갖고 있는 원장이지 않은가. 다른 사람보다 판단력과 분석력이 뛰어났기에 나는 전문가도 아닌 그저 한 사람이라도 등록시키기에 바쁜 영업사원의 말에 옳거니 할 수 없었다.

그래서 결국 스스로 찾고 스스로 경험해 보기로 했다.

매일매일 컴퓨터와 씨름하고, 메모하고, 전화로 상담도 해보고, 직접 발품을 팔아 정보를 수집하기도 했다. 그리하여 만 원의 행복, 선착순 할인 이벤트, 무료 강의 등을 목록별로 적어 하나하나 강의의 홍수 속을 헤엄치기 시작했다.

갓 상경한 경상도 촌뜨기에게 서울 지리는 너무 복잡했고, 지하철 노선의 세부 사항을 파악하지 못해 실수 연발이었다. 지하철을 거꾸로 타고 가다가 다시 되돌아와서 도움 벨을 눌러 빠져나가기도 했다. 또 1호선은 다 똑같은 1호선인 줄로만 알았다. 수원이나 안산으로 가다가 다시 인천행으로 갈아타기도 여러 번 반복하면서 차츰 요령이 생기기 시작했다.

특히나 무료 강의에는 혼자 가기보다 반드시 친구나 동생을 엮어서 동행했다. 무료 강의를 들으러 온 강사와 친분을 맺기도 해서 정보를 얻으려고 노력도 했다. 하지만 당신이 그 분야의 전문가가 아니라면, 당신이 만나는 강사에게 필요한 정보를 제공해 줄 무언가가 없다면, 당신 또한 제대로 된 정보를 얻으리라는 기대를 하지 않는 것이 오히려 속 편할 수도 있다.

강의의 홍수 속에서 헤엄치기가 10개월 정도 지나자 강사라는 직업과 복잡한 강의를 분류하는 눈이 생기게 되었다. 하지만 그것이 눈에 보이기 시작하니 이제는 또 다른 것이 나를 혼란스럽게 하고 답답하게 했다. 강사라는 직업을 선택하고 난 후 나만의 강의 콘텐츠에 대한 정리가 매끄럽고 똑떨어지게 정리가 되지 않았던 터라 또다시 방황하기 시작했다.

끊임없는 방황이 이어졌다. 여기저기 나뒹구는 강의는 많은데 나만의 콘텐츠를 개발하지 못해 하루하루가 갑갑했고, 가슴이 터질 것 같은 심정으로 보내는 날들이 많았다. 심지어 자신이 무능력하게 느껴지기도 했다.

지금 나는 많은 사람들에게 나만의 콘텐츠인 '강사강의주도법'으로 강사 길잡이와 코칭을 하고 있다. 또한 일반인들에게는 '동기부여'를 통해 변화된 삶을 살아가기 위한 용기와 도전할 수 있는 자신감, 자존감을 높이는 강의를 하고 있다. 이는 오랜 경험을 매우 빨리 수렴할 수 있었기에 가능했고, 또한 나의 고민을 가슴속에만 묻어둔 것이 아니라, 그 끈을 풀기 위해 끊임없이 세상 속으로, 강의의 홍수 속으로 헤엄쳤기 때문에 가능한 일이었다. 여태까지 내가 들었던 강의 중에 그 어떤 강의도 헛된 시간은 없었다.

"거울아, 거울아, 이 세상에서 누가 제일 열정적인 강사니?"

"바로 나!"

나는 거울을 보며 당당하게 질문하고, 그 속에 비친 내 모습을 보며 당당하게 대답한다. 지금의 내 모습이다. 나는 이제 또 다른 고민을 하고 있다. 확실히 다른 콘텐츠를 고민하고 있다.

나는 일주일에 몇 통의 전화와 카카오톡으로 상담을 받는다. 단순히 과거 직장에서 회사에 교육하러 온 강사의 모습을 보고 그저 멋있어서 강사가 되겠다고 하는 사람도 있고, 어쩌다 보니 우연히 교육을 해야 하는 위치에 있어서 하게 되었는데, 그것이 시작이 되어 강사의 길을 찾아 나선 사람도 있다. 제2의 인생을 살고 싶은데 도대체 강사는 어떻게 해야 될 수 있는지를 밑도 끝도 없이 묻는 사람도 있고, 경력이 단절되어 이제는 자기 자신을 찾고 싶은데 꼭 강사는 아니더라도 앞에 나서서 이야기를 할 수 있는 사람이 되고 싶다며 간절함을 호소해 오는 사람도 있다.

나는 그들에게 최선을 다해 설명하고 정보를 전달하며, 각자의 개성과 경험을 살려 즐겁게 강의를 하고 강사임을 행복해할 수 있도록 길잡이가 되어 코칭한다. 사람들은 나를 강사 분야의 전문가라고 부른다. 교육의 길 25년! 강사의 길잡이로, 전문가로 오랜 시간 동안 지치지 않고 지금 이 순간에도 끊임없이 공부하고 있다. 왜냐하면 나는 전문가이기 때문이다.

지침 07

자신의 분야에서 전문가가 되고 싶은가? 자격증을 땄다고 해서 전문가가 된 것처럼 행동하지 말라. 자격증은 어떤 것을 학습했다는 증명일 뿐임을 명심하라. 전문가가 되기 위해서는 직접 움직이고, 그것을 자신의 영역으로 '수렴'할 줄 알아야 한다. 두려워 말고 시작하라. 시작의 시점은 중요하지 않다.

2장

꿈이 있는 강사가
아름답다

꿈이 있는 강사가 아름답다

빈혈수치 6.5!

"에엥…."

어쩌다 119 구급차의 사이렌 소리를 듣게 되면 과거에 잠깐 응급실 단골손님이었던 시절이 생각나서 지금도 움찔한다. 그 이유는 다른 것이 아니라 빈혈 때문이었다.

해마다 빈혈 환자가 증가하고 있으며, 특히 40대 여성의 경우가 많다고 한다. 빈혈이란 말초혈액 내의 적혈구 숫자가 감소하고 혈색소(헤모글로빈) 농도가 정상 이하로 감소하는 상태를 말하는데, 〈세계보건기구〉에서 정의하는 정상 빈혈 수치는 남자 성인 혈색소 농도가 13g/dL, 여자 성인은 12g/dL라고 한다.

보통 여성의 정상 빈혈 수치보다 한참 아래인 빈혈 수치 6.5로 뚜렷한 원인을 모른 채 40대 초반부터 중반까지를 살았다. 쉽게 피곤하고 노곤해 온몸에 힘이 빠지니 힘들어서 안방 하나도 걸레질을 못하고 청소기도 못 돌렸다. 산소 부족으로 가슴이 뛰고 아프기도 하며, 늘 몸이 부어 맨살을 만지기만 해도 아파서 안마도 못 하게 했었다. 계단을 오르는 것도 숨이 차 쌕쌕거렸고, 등산은 생각조차 할 수 없었다.

자칫 현기증과 두통으로 정신이 흐릿해져 심한 경우 정신을 잃기도 했고, 구급차에 실려 응급실로 가는 도중에 깨어나기도 해 주위 사람들을 놀라게 한 적이 한두 번이 아니었다. 빈혈로 생기는 증상 중 하나인 생쌀을 먹는 이식증이 생기기도 했으며, 변비와 구역질로 고통을 겪기도 했다.

6년 전 나의 절친한 친구 민자는 항암 치료 중이었는데 주말이면 집 근처의 편백나무가 우거진 낮은 산에 늘 나와 함께 가기를 원했다. 그런 마음을 누구보다 잘 알고 있던 나는 무리를 해서 산을 오르다 그만 숨이 차 10분도 채 올라가지 못하고 구토로 쓰러져 결국 바닥에 주저앉고 말았다. 이런 내 모습에 놀란 민자는 더 이상 동행을 원하지 않았고, 나는 늘 민자가 중간 정도 높이에 올라갔다 내려올 때까지 산 아래 벤치에 앉아 맑은 공기를 들이쉬고 내쉬며 기다렸다.

민자가 내려오면 우리는 맛있는 식당을 골라 점심을 먹고 차도 마셨다. 그랬던 내 친구 민자는 3년 동안 힘들게 항암 치료로 고생만 하다 내 곁을 떠났다. 후두암이었던 친구는 하늘나라로 떠나면서 입을 떼기조차 힘든 상태였는데, 마지막으로 건넨 말이 "정미야, 넌 꼭 건강하고 행복하게 살아. 꼭! 네가 행복했음 좋겠어"였다.

친구 민자를 보내고 내 삶의 많은 것이 바뀌었다. 나를 못나게 만드는 여러 가지 현실에 대한 욕심을 내려놓게 되었다. 그리고 친구 말대로 건강을 챙겨 빈혈 수치를 8.9로 끌어올리며 나를 더욱 사랑하게 되었다.

실제로 아픈 적이 없는 사람은 건강해야 모든 것을 즐겁게 할 수 있다는 생각을 미처 깨닫지 못하고 생활하기 쉽다. 나 또한 빈혈 수치가 6.5일 때는 4시간 연속 강의를 하다가 순간 두통과 열이 얼굴로 모여 터질 것 같은 느낌이 들면서 집중력이 떨어져 휘청거린 적도 있었다. 발끝에서부터 머리끝까지 혈액이 말라 버리는 듯한 느낌이 든다. 그러면 나는 정신을 잠시 잃기 전의 전조 증상임을 알아차린다. 그럴 때는 잠시 눕거나 엎드릴 자리를 마련했다. 지금 생각해 보면 그전까지는 정말로 내 몸을 돌보지 않고 건강 앞에 겁 없이 살았던 것 같다.

'고질병'에 점 하나를 찍으면 '고칠 병'이 된다. 점 하나가 그렇게 중요하다. 여기서 점 하나란 내가 버릴 욕심이기도 하고, 한순간의 생각이기도 하며, 나태함을 버리는 것이기도 하고, 실천이기도 하며, 내가 생각하는 그 어떤 것 혹은 모든 것이 될 수 있다.

욕심을 버린 건강한 정신과 육체는 부정적인 것을 긍정적으로 만들고, 절망을 희망으로 바꾼다. 불가능한 것도 한순간 마음을 바꾸면 가능해지는 힘이 되는 것이다. 지금 이 순간 모두 큰 소리로 외쳐 보자. 그리고 두 팔을 교차시켜 자신의 몸을 꼭 안아 주며 나에게 말하자.

"나는 나를 사랑한다."

"나는 내가 정말 좋다."

지침 08

자신을 사랑하지 않는 강사는 청중을 사랑할 수 없다. 자신은 사랑하지 않으면서 사랑한다고 말한다면 그것은 가식이다. 내 안에 나를 사랑하는 마음이 있을 때 비로소 그것은 표정으로 나타나며, 입을 통해 청중에게 전달된다. 청중의 변화를 진정으로 원한다면 우선 자신을 사랑하는 행복한 강사가 되라.

그래,
그게 인문학이었어!

사람들은 대부분 인문학은 굉장히 어렵다고 생각한다. 어려운 학문인 만큼 인문학을 연구하는 학자는 일반 사람의 사고와는 다른, 철학적이고 고차원적으로 고뇌하면서 인간의 가치를 탐구하고 표현하는, 범접할 수 없는 특별한 사람들일 것이라고 생각한다.

한때는 나도 인문학이 강사에게 반드시 필요한 학문임을 알면서도 아직은 이해하고 연구하기에 부족한 시기라고 생각하며 특정 사람들의 학문으로 단정 짓고 살았다. 감히 인문학을 논하기에는 나 자신이 너무나도 부족하고 보잘것없음을 게으른 학문 연구에 대한 핑계로 삼고 있었다.

그런데 이런 생각을 바꿔 준 고마운 분이 있다. 그동안 인문학에 대한 나의 우둔함을, 어리석음을 일깨워 주신 것이다. 그러고 보니 이분도 내가 강의의 홍수 속을 헤엄치다가 열정으로 건진 소중한 보물이었다.

"나는 참 인복이 많아. 인복은 진짜 타고났어!"

이 말은 그동안 내가 누군가와 대화 도중에 입버릇처럼 하던 말이다. 이 책을 쓰기 시작하면서 정말 입버릇처럼 한 그 말이 현실에서 나를 늘 감싸 주며 나를 중심으로 실현되고 있었다는 사실을 새삼 깨닫게 된다.

언젠가 두 달 과정의 무료 강의를 들은 적이 있다. 다소 긴 기간이라 조금 망설여졌지만 오전에만 듣는 과정이라 결심을 하고 신청을 했다. 그러나 그 과정은 그야말로 초보자나 들어야 하는 수준이었고, 강의 내용이나 강사의 실력이 나와는 전혀 맞지 않았다. 첫날 강사의 교육을 들으며 '유치원생의 강의를 내가 언제까지 들을 수 있을까?' 하고 고민할 정도였다.

하지만 '무료'임을 내세워 내 말이라면 무조건 OK 하는 친구를 엮어서 데리고 온 나였기에 불만을 토해 낼 수도 없었다. 학습지 방문 교사를 오래했던 친구는 이런 교육 커리큘럼이 처음이었다. 그런 친구에게는 도움이 될 수도 있겠다는 판단에 나는 아무 말도 하지 않았다. 그렇게 친구 때문에 참고 인내하면서 그럼에도 불구하고 내가 얻을 수 있는 것을 찾으려고 노력했다.

1주일이 지나고 2주, 3주가 지나고 4주째, 정말 시간이 아깝다는 생각만 자꾸 들고, 이렇게 시간을 낭비하는 나 자신이 한심하기까지 했다. 어느 날 한심하기 짝이 없다는 마음을 꾹 누르고 친구 얼굴 본다는 이유를 부각시키면서 억지로 마음을 달래느라 허둥지둥 어영부영하다가 결국 지각을 하고 말았다. 살며시 강의실 문을 열고 들어갔는데 그날따라 맨 뒷자리에 나란히 2개가 비어 있어서 그 빈자리에 앉았다.

5분쯤 지났을까. 강의실 문이 살짝 열리더니 나 같은 지각생이 또 한 명 들어와서 본의 아니게 그날 하루 짝꿍이 되어 강의를 들었다. 4교시 강의가 끝나자 그분이 2시간 정도 함께 차를 마실 시간을 주면 좋겠다고 제안했다. 3주 동안 교육을 같이 들어서 안면은 있었던 터라 친구와 셋이 커피숍으로 향했다.

그날 알게 된 사실인데, 그분이 바로 지인 교수님과 함께 '인문학'을 강의하는 강사였다. 그분 역시 지금 강좌가 본래 시간표와는 달리 낮은 수준의 내용이라서 나와 같은 고민을 하고 있었다고 한다. 애초 2시간이라고 했던 커피 타임은 3시간으로 이어졌다. 그때 나는 복잡한 강의 분류 때문에 머리가 어지러웠고, 나만의 콘텐츠를 찾지 못해 방황하던 터라 인문학 강사의 이야기에 푹 빠져 시간이 가는 줄도 모르고 있었다.

그분 말씀이, 자식이 부모에게 뒷바라지도 제대로 못해 줄 걸 알면서 왜 낳았냐고 하는 질문은 잘못되었다고 했다. 부모가 자식을 선택해서 낳은 것이 아니라, 자식이 부모를 선택해서 온 것이라는 그분의 말씀을 듣는 순간이었다. '아!' 하는 소리와 함께 갑자기 내 가슴속에서 방망이질이 시작되었고, 계속 복잡하고 불투명해 어지러웠던 머리가 맑아지는가 싶더니 어느새 흥분되어 나도 모르게 소리를 지를 뻔했다. 그동안 나를 어지럽히고, 힘들게 했던 나만의 강의 콘텐츠에 대한 해답을 찾을 수 있을 것 같다는 생각에, 내 얼굴은 환희의 미소로 붉게 물들기 시작했다.

그렇다. 이런 것이 바로 인문학이었다. 우리가 살아가고 있는 이 삶이 바로 인문학이며, 내가 선택하고 그에 대한 책임을 지며 살아가는 지금, 내가 주인공인 인생이 바로 인문학임을 그날에서야 알아차렸다. 그동안 인문학을 우리 삶과 떨어뜨려 놓고 하나의 연구하기 어려운 학문으로만 꽁꽁 묶어 둔 나의 무지함과 어리석음을 깨닫게 되었다.

커피숍에서 나와 집으로 오는 길에 서점에 들러 인문학에 관한 책을 한 권 샀다. 마치 여중생 시절, 청마 유치환의 '행복'이라는 시를 가슴에 품고 교정 벤치에 앉아 있었던 그 시절의 문학소녀처럼 내 마음은 그렇게 뿌듯할 수가 없었다.

그날 이후 나는 유튜브에서 인문학 강의를 열심히 찾아서 들었고, 나의 모든 강의에는 인문학이 접목되었다. 나는 어떤 강의를 하든 강의 중간과 마지막에는 인문학으로 청중과 소통한다. 인문학으로 접근하는 내 마음도 행복하지만 나와 소통하는 청중의 눈빛에서도 느낄 수 있다. 그들도 나처럼 지금 행복을 느끼고 있다고 말이다.

지침 09

"당신은 어떤 강의를 들었을 때 기억에 남습니까?" 내가 강사에게 묻는 말이다. 모두 자신이 공감했을 때라고 말한다. 그것은 힘든 시련 속에서도 목표를 향해 나아가는 노력의 과정에서 느끼는 성취감, 기쁨, 꼭 이루고 싶은 꿈이 있는 행복, 바로 인문학을 느낄 수 있기 때문이다. 그러므로 강사는 반드시 자신이 살아가고 있는 세상을 이야기하는 스토리텔링 인문학과 친해져야 한다.

똥차 운전기사

20대에 했던 서울생활과 현재의 서울생활은 느낌이 완전히 다르다. 세상을 대하는 태도도 확실히 다르다. 겁이 없어졌다는 표현이 맞는 것인지, 나이가 들면서 부끄러움이 없어진 것인지, 아니면 남의 시선을 별로 의식하지 않는 것인지 모르겠다.

어찌 되었든 대학 졸업 후 잠시 서울에서 직장생활을 했던 20대와는 달라도 너무 다르다는 생각에 피식 웃음이 나온다. 어떤 부분에서는 20대에 뒤지지 않을 만큼 청춘인듯 싶다가도, 또 어떤 부분에서는 '그때가 좋았지, 그럴 때가 있었지'라고 내뱉으며 한두 걸음 뒤로 물러난다. 아마도 세월의 뒤안길에서 경험을 통해 많이 여유로워졌기 때문일 것이다.

인간의 행동은 학습을 통해 만들어지기도 하고, 경험을 통해 더 잘 이해할 수 있게 된다. 사람의 행동 중에는 몰라서 못하는 경우도 있고 알면서도 실천하지 못하는 경우가 있다. 지금 하고자 하는 이야기는 한 번도 경험한 적이 없고 또 배우지도 못했기에 온전히 무지한 상태에서 일어난 나의 웃지 못할 경험담이다. 부디 '배려'라는 단어를 가슴에 담고 타인에게 그 마음을 실천하는 사람이 되어 들어주길 바란다.

김포공항 국제선 3번 게이트 앞에서 동생과 언니를 만나기로 했던 날이다. 나는 버스를 기다리고 있었다. 아, 미리 얘기하는데, 나는 굉장히 길눈이 어둡고 느린 데다가 동서남북 방향감각과 공간지각 능력도 떨어진다. 지인들 거의가 인정하는 길치다. 당시 인천에 이사온 지 몇 달 안 된 상태라 아파트를 벗어나면 정문과 후문 주변 상황도 인지가 안 되던 터라 인천 집에서 출발해 버스를 타고 김포공항을 간다는 것은 참으로 큰일에 해당되었다.

집에서 나와 52번 버스를 타고 부천의 7호선 상동역에 하차했다. 분명 내가 내린 버스 정류장에서 김포공항이라는 글자를 봤었는데,

기다려도 버스가 오지 않았다. 왠지 불안한 마음에 입은 됐다 뭐 하나 싶어서 주위 사람들에게 물어보았다.

"김포공항 가는 버스 타는 곳이 여기인가요?"

속 시원하게 대답해 주는 사람이 아무도 없었다. 제대로 알고 있는 사람이 없었던 것 같기도 하다. 그런데 나 말고도 짐 가방을 쥐고 서 있는 모양이 분명 공항 가는 사람들이었다. 그들도 한 치의 의심도 없이 내 옆에서 기다리고 있다가 차가 그냥 휑 지나가는 것을 보고 불길한 낌새를 눈치 챈 듯했다.

길을 묻는 물음에는 여전히 다들 모르쇠였다. 자기가 탈 버스 외에는 전혀 관심도 없고, 알고자 하는 사람도, 알고 있는 사람도 없었다. 인천공항은 아주 깔끔하게 그리고 당당하게 표지판과 푯말이 단독으로 붙어 있었지만 김포공항에 대해서는 아리송하게 고개를 갸우뚱거리게 되어 있었다.

정류장 앞에서 어묵과 샌드위치를 팔고 있는 아저씨가 잘 알듯 해서 물었더니, 소풍터미널 앞에 가면 공항 가는 버스가 올 것이라며 손가락으로 가리켰다. 여기는 안 오고, 버스가 서는 것도 못 봤다고 했다. 나는 아저씨가 가르쳐 준 대로 소풍터미널 앞까지 걸어갔다. 그런데 거기는 김포공항이 아닌 인천공항 버스가 기다리고 있었고, 기사에게 물었더니 길 건너에서 타면 될 것 같다고 했다.

길 건너로 갔더니 다른 방향이었다. 이리 뛰고 저리 뛰고, 다시 걷고, 횡단보도를 건너고 또 건너고, 그러는 사이에 벌써 40분이 지나갔다. 우여곡절 끝에 나는 김포공항 가는 버스가 서는 곳을 알게 되었다. 아까 처음 기다린 곳은 복잡해서 200m 정도 걸어가면 있는 택시 승강장 옆에 잠시 정차한다는 것을 알게 되었다.

택시 승강장이라서 그냥 지나치지는 않을까 불안한 마음으로 서 있는데 드디어 김포공항 가는 버스가 와서 정차했다. 기사가 내리더니 담배를 피우며 택시 기사와 아는 척을 하길래 잽싸게 버스에 올랐다.

카드 인식기의 그림에 맞춰 교통카드를 갖다 대고 자리로 가려는데 "행선지를 말씀해 주세요"라는 기계음이 나왔다. 기계에 가까이 가서 "김포공항"이라고 말하고 다시 카드를 찍는데 또 "행선지를 말씀해 주세요"라는 소리가 나오는 것이다. 경상도 발음이라 기계가 인식을 못했나 싶어서 다시 기계 가까이 가서 아까보다 더 신경을 써서 "김! 포! 공! 항!"이라고 또박또박 발음하고 교통카드를 갖다 댔다. 그런데도 기계에서는 여전히 같은 말이 흘러나왔다.

순간 당황했지만 속으로 '요즘엔 줄임말을 많이 쓰는데 이것도 줄임말로 행선지를 말해야 하나 보다' 하는 생각까지 들었다. 다시 기계 가까이 가서 이번에는 입을 좀 더 바싹 대고 발음에 신경 쓰며 '공항!'이라고 말한 뒤 카드를 살짝 댔다.

아, 그런데 기계는 야속하게도 또 똑같은 질문을 나에게 던지는 것이 아닌가. 그제야 나는 뒤에 서 있는 승객들의 긴 줄을 보게 되었고, 맨 앞좌석에 앉아 키득키득 웃고 있는 젊은 커플이 눈에 들어왔다. 그들을 쳐다보자 눈이 마주쳤다. 커플 중 여자가 작은 소리로 뒤끝을 흐리며 "기사 아저씨가 해줘야 하는데…" 하는 소리를 들었다. 그냥 기사가 올라올 때까지 빈자리에 앉아 있어야 한다는 눈치를 주는 듯했다.

나 때문에 늘어선 줄을 비집고 기사가 올라와서 한다는 첫마디가 "버스를 타봤어야 알지!"였다. 기사의 빈정거리는 듯한 말투에 무척 기분이 상했다. 그러나 애써 아닌 척 이해하려 했다. 기사가 기계를 조작하고 카드를 찍으라는 소리에 카드를 댔다. 이제 더 이상은 행선지를 말하라는 기계음은 들을 수 없었다.

버스가 공항으로 향했다. 사람들이 하나둘씩 내리고 버스는 국제선으로 달리고 있었다. 나는 기사에게 다가가서 국제선 3번 출구에 정차하는지 물었다. 답이 없었다. 중간에 탄 여자 승객과 처음부터 아는 사이인지 깨가 쏟아지듯 대화에만 집중할 뿐 내 물음에는 관심도 없었다.

이제 그 여자를 제외한 모든 승객이 내리고 나만 남은 상태에서

버스가 정차했는데, 국제선 게이트 번호 순서대로가 아니라 뒤죽박
죽이었다. 초행길에 불안한 나는 다시 국제선 3번 게이트에 세워 달
라고 했지만 여전히 내 말은 들리지도 않는지 그 여자 승객과 하하
호호 웃으며 운전하랴 대화하랴 난리도 아니었다. 그러더니 내가
원하지도 않은 국제선 게이트 앞에 정차하고는 내리라고 했다.

　내가 항의하자 짜증 섞인 말투로 여기가 종점이니 내려서 걸어가
라는 것이었다. 그 여자는 종점이라는데 내릴 조짐도 안 보였다. 너
무 화가 났다. 처음부터 빈정거린 말투와 둘이 이야기하느라 몇 번
씩이나 내 질문을 무시한 행동에 나는 인내심을 잃었다. 참았던 불
쾌감이 방출되기 시작했다.

　기사에게 서비스 마인드를 외치며 경상도 아줌마의 용기를 실어
큰소리로 지지 않고 또박또박 항의했다. 종점에서 버스를 기다리고
있던 승객들은 나와 아저씨의 다툼의 정황을 듣고 빈정거리며 말한
기사와 개념 없이 행동한 여자를 비난의 눈초리로 바라보았다.

　기사와 깨를 볶던 여자는 고개를 돌리고 슬그머니 뒷좌석으로 자
리를 옮겼다. 오히려 나를 무시하고 큰소리치던 기사는 그제야 상
황 파악이 되었는지 자기 말투가 원래 그렇다며, 절대 빈정거린 게
아니라고 사과를 했다. 줄지은 승객들의 눈초리 때문에 억지로 사
과하는 모습이었다.

기사의 사과는 있었지만 여전히 불쾌하고 화가 나서 따끔하게 한 마디 했다.

"나는 오늘 똥차를 탔습니다. 이 버스는 깨끗해 보이지만 이 버스를 운전한 당신 때문에 여기까지 오는 내내 똥차를 탄 기분으로 굉장히 불쾌했습니다. 그러니 당신은 오늘 똥차를 운전한 겁니다."

이렇게 말을 하고 내렸으니 속이 풀렸지, 아무 말도 못하고 내렸다면 어땠을까. 기억을 떠올릴 때마다 불쾌감으로 무척 속상했을 것이고, 마음에 큰 상처로 남았을 것이다.

이 일은 일명 '똥차 버스' 사건으로 가끔 강의할 때 들려주곤 한다. 그럴 때면 기계음에 반응한 나의 행동 때문에 다들 배꼽을 잡으며 웃고, 기사의 몰상식에 함께 분노해 준다.

기사가 자신의 일에 대한 책임감이나 사명감, 자부심이 있었다면 승객에게 처음부터 그런 말을 했을까? 아닐 것이다. 말은 마음가짐으로서 어떻게 표현하느냐에 따라 세상을 살아가는 시선이 다르게 나타난다. 말 한마디로 처음 본 사람에게서 후광 효과와 악마 효과를 느끼기도 하고, 환한 미소를 짓기도 하며, 시쳇말로 '썩소'를 짓기도 하고 그로 인해 시비가 붙기도 한다. 말을 하기 전에 항상 긍정적인 생각을 하고 부드러움을 잃지 말아야 한다.

지침 10

강사가 되고 싶은, 혹은 이미 강사인 당신은 '말'을 어떻게 하는가? 자신이 말하는 어투를 그대로 녹음해서 들어 보기 바란다. 강사라면 청중의 마음을 얻고 공감하고 소통하고 싶은 욕심이 있을 것이다. 말을 잘하는 것과, 잘 말하는 것은 다르다. 그러므로 착하고 부드럽게 잘 말해야 한다. 좋은 말을 청중 앞에 꺼내 놓아라. 그래야 시비가 없고 다툼이 없으며, 편안한 강의를 할 수 있다.

세 자매의
깨알 같은 수다

우리 집은 2남 3녀! 위로 오빠가 둘에 아래로 나란히 셋째, 넷째, 다섯째가 자매로 어렸을 때부터 동네에서 예쁘기로 소문난 딸들이었다. 지금은 다들 결혼했지만 언젠가 모여서 옛날 추억들을 이야기하던 중 오빠들에게 들은 말이, 우리 세 자매 덕분에 친구나 선배들에게 밥도 술도 많이 얻어먹었다고 한다. 주위에서 예쁜 여동생들을 둔 오빠들을 정말 부러워했다며 재미있었던 기억들을 술안주 삼아 옛 추억에 잠겼다.

세 살 터울이라 어렸을 때는 어린 막내가 따라올까 봐 피해 다니기도 했는데, 지금은 세 자매가 뭉쳐야만 웃을 일이 많고 더 재미있다. 세 자매가 함께 가야 쇼핑도 길게 할 수 있고, 음식도 더 맛나게 먹을 수 있다. 함께 찜질방에 가야 족욕도 지루하지 않게 즐길 수 있고, 핀란드식 방이나 수소 방에서도 모래시계를 몇 번이고 뒤집어가며 삐질삐질 땀을 더 뺄 수 있다.

한창 바쁘게 살던 젊은 시절, 공군 장교인 형부 때문에 언니는 이곳저곳으로 자주 이사를 다녔고, 동생은 제부 회사 때문에 서울과 원주, 나는 진주, 이렇게 각자 떨어져 살았다. 떨어져 살 때도 방학 때는 거의 붙어 지냈는데, 이제 나이가 들어 감사하게도 언니는 김포, 나는 인천, 동생은 일산, 이렇게 서로 가까이에서 살고 있다. 위치상 삼각형의 형태로 가까이 살면서 늘 깨알 같은 사담으로 웃음이 떠나질 않아 주위 사람들의 부러움을 사며 지내고 있다. 정보를 얻고 무엇을 배우러 가는 것도 셋이 뭉쳐서 잘한다.

우리는 서로를 1빠(언니), 2빠(나), 3빠(동생)라고 부른다. 주말이나 쉬는 날에는 1빠가 늘 단톡방에서 호출한다.

"뭣들 하시오?"

그때부터 세 자매 단톡방은 문을 열게 되고 불과 몇 분 전에 나눴던 대화를 찾으려면 한참을 내려서 봐야 한다. 급기야 수다 본능이 폭풍처럼 밀려들어 김포로 집결하기도 하고, 일산으로 집결하기도 하는데, 찜질방부터 백화점, 아울렛, 커피숍, 레스토랑, 시장, 국숫집

등등을 누비며 흥을 이어 간다.

형부가 공군 장교에서 항공사 기장으로 전역하면서 1빠는 해외를 자주 나간다. 남들에게는 연간 계획이 1빠에게는 거의 일상이다. 주로 2박 3일, 3박 4일 일정인데 언젠가 형부의 교육 때문에 동남아 쪽으로 5박 6일을 간 적이 있었다. 동남아 쪽은 통신이 원활하지 않아 호텔에 들어가야 카카오톡이 되는 통에 세 자매의 단톡방은 아주 조용했다. 우리 2빠와 3빠는 단톡방에서 "뭣들 하시오?" 하는 소리가 없자 1빠가 보고 싶다는 말을 첫날 빼고는 4박 5일 동안 계속했다. 그때 1빠 없이 둘이서만 프로방스에 잠시 들렀는데 역시나 재미가 없다고 1빠 없는 허전함을 이야기하며 같이 웃었다.

1빠는 여행지에서 사 온 소소한 물건들을 단톡방에 올리는데, 늘 세 가지 색깔이다(우리는 문방구 품목을 엄청 좋아한다). 이걸 재빠르게 '찜'하는 재미도 쏠쏠하다. 1빠는 올리자마자 시간을 정한다. 이때 2빠, 3빠는 정신 차리지 않으면 안 된다. 1빠가 길게는 10분, 짧게는 1분, 선택의 시간을 정하기 때문이다.

빨리 찜하지 않으면 없던 일이 되기도 한다. 1빠가 정해 준 시간이 지나 물건이 사라지면 2빠와 3빠는 발을 동동 구른다. 혹시나 내가 모르고 있나 싶으면 어김없이 3빠에게서 전화가 온다. 후다닥 2빠가 등장하고 찜하기 시작, 마치 경매하듯 정신 바짝 차리고 킥킥대고 낄낄거리며 세 자매의 깨알같은 대화가 계속된다.

　세 자매의 특징을 살펴보면,

(1) 내 것, 네 것이 따로 없다.

(2) 서로에게 마구 퍼준다.

(3) 오지랖이 넓어도 너무 넓다.

(4) 초긍정적이며, 오히려 손해 보고 사는 것이 더 속이 편하다.

(5) 마음이 여려 잘 울고 잘 웃는다.

(6) 주부로서 음식에 그다지 소질이 없지만 가족들은 불만이 없다.

(7) 남편한테 무조건 지지를 받고 있다.

(8) 전문적인 소질을 타고났다.

(9) 무슨 일을 해도 맡는 순간 인정하고 잘해낸다.

(10) 남편하고 다니는 것보다 세 자매끼리 다니기를 더 좋아한다.

　다 열거하자면 지면이 모자랄 정도다. 그만큼 비슷한 점도 많고 생각도 같은 부분이 많다. 자랄 때 싸운 기억도 없다. 남들은 어릴 때 머리 뜯고 싸웠다던데. 그래서 아는 사람들은 볼 때마다 우리 세 자매를 부러워한다.

다른 사람의 부러움을 사는 우리 세 자매에게는 꿈이 있다. 그 꿈은 모든 사람이 함께 꾸는 꿈, 바로 행복이다. 행복을 돈으로 사려면 얼마가 필요할까? 행복은 돈으로 살 수 없고, 돈이 많다고 해서 느낄 수 있는 감정도 아니다. 바로 무조건 나를 믿어 주고 나를 따라 기꺼이 함께 걸어가 주는 내 편이 있어야 가질 수 있다.

자기 일을 열심히 하는 사람들을 보면 참 행복해 보인다. 행복해 보이는 사람을 가만히 바라보고 있노라면 그들에게는 꼭 이루고 싶은 꿈이 있음을 느끼게 된다. 우리 세 자매가 다른 사람들의 부러움을 사는 것처럼 말이다.

지침 11

세상은 혼자 살아가기에는 너무 길다. 강사의 길도 마찬가지다. 무조건 내 편인 친구, 나를 믿어 주는 친구, 나와 생각이 같은 친구와 어울리고, 힘든 시련도 두려움도 함께 겪으며 또한 헤쳐 나가라. 혼자 가면 빨리 갈 수 있지만 여럿이 함께 가면 멀리 갈 수 있다. 강사는 절대 혼자 성공할 수 없다.

5

내 안에 강사 있다

강사는 특별한 사람만이 할 수 있는 직업이라고 생각하는 사람들이 많다. 꼭 강사가 되지 않더라도 그냥 사람들 앞에서 내가 알고 있는 지식을 잘 전달할 수 있었으면 좋겠다는 겸손을 보이는 사람들도 많이 보아 왔다. 내가 보기에는 충분한 자질이 있음에도 그들은 현재의 변화된 모습에 자기 자신을 낮추고, 소극적이 된다. 당당함도 자신감도 마치 남의 것인 양 안타까워하며 한숨과 함께 웃음으로 꼬리를 감추어 버린다. 소위 경력단절 여성들의 모습이다.

커리어 우먼으로 당당하던 모습에서 결혼을 하고 출산을 하고 가정에서 자녀를 양육하며 남편의 아내로, 아이의 엄마로, 누군가의

며느리로 살아간다. 불과 얼마 전까지만 해도 대한민국 여성이라면 누구나 이런 삶의 공식에서 크게 벗어나지 못하고 살아왔다.

두어 달 전 '인천여성가족재단'에서 각 정책 기관이나 문화예술 공간 시설, 편의 시설, 공동 시설을 대상으로 사용자의 편의성, 안전성, 접근성 등 이용 시설에 관해 이모저모를 모니터링하는 '비전여성정책모니터링 단원'을 모집했다. 마침 7~8월은 강사들에게 비수기로 외부 강의에 여유가 있는 편이다. 그래서 이 시기에 필요한 자격증이나 새로운 강의 시장에 도전하기도 하고, 평소 강의 주제의 심화 학습으로 자신의 역량 강화에 시간을 투자하는 강사들도 많다.

나 또한 그동안 인천이 고향이 아니라는 이유로, 이곳 환경에 적응하고 안정된 자리를 찾기 위해 앞만 보고 달렸기에 주변을 돌아볼 마음의 여유가 없었다. 인천생활도 어느 정도 적응한 터라 올해부터는 나도 인천시민으로서 할 일을 찾아보다가 우연히 여성가족재단의 공지 사항을 접하게 되었고, 모니터링단에 접수해 3~4개월 동안 봉사활동을 하게 되었다.

이를 계기로 알게 된 사람이 한 명 있다. 바로 나와 같은 조원으로 함께하게 된 단원인데, 과거에 방과 후 교사로 일을 하다가 결혼하고 아이를 키우면서 15년 정도 경력이 단절된 사람이었다. 아이들은 성장하고 남편도 회사일로 바빠져 결국 외롭게 혼자 덩그러니 외

톨이로 남게 되자 우울증에 걸릴 것 같아 여성가족재단 홈페이지를 보고 용기를 내 봉사활동을 지원하게 되었다고 했다.

같은 여성으로, 엄마로 아내로, 며느리로 살아온 사실에 충분히 공감이 되었고, 열심히 사회생활을 하고 있는 나였기에 안타까움이 더욱 컸다. 15년 경력단절 후 사회에 나온 첫날이라 그런지 모니터링하는 내내 사람들을 대하는 태도에서 자신감이 없어 보였고, 설문지 조사를 의뢰하는 모습에서 사람들에게 미안해하는 모습이 눈에 띄었다. 따지고 보면 지금 하는 봉사활동이 전혀 주눅 들 일이 아닌데, 오히려 당당하고 자신 있게 그러면서 정중하게 부탁해도 되는 일인데, 그저 '죄송한데요…'가 입에 붙어 있었고, 표정 또한 그런 모습이 역력했다.

그 모습이 너무 안타까운 나머지 나의 오지랖이 발동했다. 지금 우리가 하는 일은 시민을 위한 봉사이지 죄송해야 할 일이 아니니 당당하게 웃으면서 건네라고, 그리고 지금 모습도 충분히 멋지니 자신감을 가지라고 진심을 담아 말해 주었다. 돌아오면서 그녀는 카리스마가 느껴지는 내 모습이 정말 멋지고 부럽다고 했다. 대한민국의 여성, 아줌마, 엄마, 아내라는 공통점에 이런저런 살아온 이야기, 살아갈 이야기들을 그녀와 자연스레 공유하게 되었다.

강사의 조건에 대해 당신은 생각해 본 적이 있는가? 무슨 그런 당연한 질문을 하느냐고, 오히려 나에게 반문할 것이다. 강사의 조건! 분명 강사 채용란에 보면 자격 요건이 명시되어 있다. 일단 그런 것들은 당연한 것으로 치고, 다시 생각해 보자.

20대부터 60대까지 강사의 길을 고민하는 사람들의 연령대는 참으로 다양하다. 앞에서도 말했듯이 나는 초보 강사, 신입 강사, 예비 강사, 강사 양성과정 수강생 등 정말 다양한 과정의 사람들을 만났고, 그들의 고민을 직접 상담했다. 함께 해결 방법을 찾아 고민하고 계획하고, 그래서 마침내 성공하는 모습도 연출해 보았다. 한 달에 수백 명의 강사가 배출되는데, 그들 모두가 멋진 자리를 차지하고 강의를 하고 있지는 않다.

분명한 것은 자신의 목표, 그리고 그 목표를 향한 계획, 그 계획의 실천을 환경에 맞게 준비해야 한다는 것이다. 20대가 노인실버센터에 가서 청중과 소통하고 공감할 수 있을까? 50대가 잘할까? 사내 강사로 직원들에게 CS 강의를 교육하고 피드백을 해야 하는데 30대가 나을까, 60대가 나을까?

가장 중요한 점은 현실을 잘 파악하고 사회의 트렌드를 읽어 열심히 노력하고 연습했을 때 내가 가장 잘 어울릴 수 있는 곳이 어디일까를 먼저 고민하고 선택해야 한다는 것이다. 나와 환경에 맞는 일에 근접해서 목표와 계획을 세우면 된다. 그런데 다들 과거의 돌이킬 수 없는, 아무리 발버둥 쳐도 바꿀 수 없는 일을 후회하고 안타까워한다.

많은 이들이 안 되는 것만 생각하고, 돌아갈 수 없는 세월에 머물러 있어 너무 늦었다고, 나이 때문에 안 된다고 낙담하고 우울해하며 스스로 미리 선을 긋고 있다. 제발 틀에 박힌 조건만 바라보고 미리 포기하지 말기를 바란다.

한번은 이런 일이 있었다. 기업 강사를 모집하는데 응시 조건 중 '만 45세까지'라는 나이가 명시되어 있었다. 당시 내 나이 51세. 감사하게도 호적상 50세, 만으로 49세임에도 나이 제한에 불만이 불쑥 솟아올라 도전의식이 발동했다. 괜히 자신감, 자존심, 당당함, 해내고 말겠다는 현실 부정에 이끌려 지원서를 제출했다.

나는 숫자에 불과한 나이를 채용의 필수 조건에 포함시키는 것을 반대한다. 고정관념과 선입견으로 사람을 평가해 아까운 인재를 만나지 못하는 실수를 범하지 말았으면 좋겠다는 내용과 함께 진정성 있게 경험과 경력 기술서를 작성해서 서류를 냈다.

대기업은 아니었지만 나름대로 강사로서는 꽤 연봉이 높았는데, 나이라는 조건을 뛰어넘을 만큼 강사로서의 무기를 가지고 있다는 믿음과 자신감이 있었기에 지원할 수 있었다. 분명 생년월일만 본다면 불합격으로 지원 서류는 파쇄기에 들어갈 조건이었다. 하지만 사람이 하는 일이라 사람의 마음을 움직일 수 있다면 회사에서 제시한 조건은 전혀 고려의 대상이 되지 않는다는 것을 보여 주고 싶었다.

내 예감은 적중했다. 책임자로부터 단독 연락을 받았고, 나를 알릴 수 있는 면접의 시간도 별도로 가질 수 있었다. 나이라는 조건은 아무것도 아니었다.

내가 말하고 싶은 것은 그저 제시된 조건을 보고 '난 아니구나!'라며 포기하지 말고 Yes가 아닌 No라는 도전을 스스로 해보라는 것이다. 물론 합격, 불합격도 중요하지만 더 중요한 것은 내가 도전할 수 있는 기회를 나 스스로 만드는 것이고, 또 그 기회를 내가 맞이하기 위해 끊임없이 연구하고 반복해서 연습해야 한다는 것이다. 기회는 내가 만드는 것이고, 그 기회를 잡는 것 또한 나다.

정말 강사가 되고 싶은가? 청중에게 가슴 떨림을 전해 주는 절실한 강사가 되고 싶은가? 그러기 위해서 얼마만큼 노력하고 있고, 또 얼마만큼 애를 쓰고 있는가? 당신이 간절히 원하고 원한다면 그 간절함만큼 매일매일을 반복해서 연습하라. 어느 순간 당신은 깜짝 놀랄 것이다. 내 안에 강사가 있을 것이다. 당신의 가슴 안에 강사가 있을 것이다. 조건도 뛰어넘을 열정적인 강사가 내 안에 있을 것이다.

지침 12

당당하게 펼쳐라! 자신감 하나면 뚝딱이다. 어느 시점에 시작했느냐가 아니라, 얼마만큼 끝까지 했느냐가 중요하다. 거울 앞에서 끊임없이 연습하고, 스스로 모니터링을 하라. 오글거린다, 쑥스럽다는 생각은 멀리 던져 버려라. 이미 지나간 어제는 바꿀 수 없다. 하지만 오늘은 나 스스로 만들어 갈 수 있지 않은가. 연습이라고 가볍게 여기지 말고 실전같이 하는 자세가 필요하다. 연습의 횟수만큼 당당하고 차분한 나를 발견할 것이다. "내 안에 강사 있다."

웃음을 만나다

이미지[心像, 影像]는 '마음속에 언어로 그린 그림(mental picture, word picture)' 으로 정의된다. 이미지는 육체적 지각 작용에 의해 이룩된 감각적 형상이 마음속에 재생되는 것이므로 감각경험의 복사 또는 모사(模寫)이기도 하다.

[출처: 지식백과]

사회생활에서 첫인상이란 굉장히 중요하다. 누군가를 처음 만났을 때, 상대방에 대해 아무것도 모르는 상태에서 느껴지는 첫인상의 이미지만으로 모든 것을 평가해 버리는 경우가 많기 때문이다. 첫 인상의 평가 시간에 대해서는 다양한 의견들이 있다. 일반적으로는 아주 짧은 시간인 10초 안에 이루어진다고 한다.

더 놀라운 것은 그 10초 안에 이루어진 첫인상이 만일 불쾌감이었다면 그 인상을 회복하기 위해 63번의 상호작용을 해야만 '아, 그때 그 모습이 원래 모습이 아니었구나!' 하고 인식한다는 것이다. 오늘 내가 만난 사람을 앞으로 몇 번 더 만나게 될지는 모르는 일이다. 다시는 만나지 못할 수도 있다. 순간 나의 첫인상에 대한 잘못된 실수로 상대방에게 영원히 안 좋은 사람으로 이미지화된다면 생각만 해도 정말 끔찍한 일이다.

첫인상이 얼마나 중요한 것인지 이제 충분히 느낄 수 있을 것이다. 특히 강사에게 첫인상이란 강의를 시작하기 전 또는 강의를 시작함과 동시에 상대방에게 작용하며, 오늘의 강의 분위기를 결정지을 수 있는 것이기에 매우 중요하다.

'반전 원장!'. 나의 이미지를 말할 때 상대방으로부터 꼭 듣는 말이다. 경상도 어투, 도시적인 외모, 마구 퍼주는 오지랖, 사람 냄새, 카리스마, 당당함, 파워풀, 환한 미소, 웅변, 딱딱함 등이 나를 생각할 때 떠오르는 이미지라고 많이들 말한다.

이런 이미지들 중에서 꼭 바꾸고 싶은 것이 있었다. 사람들에게 듣기 전에 나 스스로도 늘 생각하고 있던 숙제 같은 것이었는데, 바로 딱딱함이 그것이었다. 초등학교 5학년 때부터 해온 웅변이라 정통 웅변의 틀을 바꾸기는 쉽지 않았고, 20여 년 전부터는 선거 연설을 많이 해온 터라 더더욱 마이크만 잡으면, 무대에만 서면 의도하지 않았는데도 그 목소리와 자세에 딱딱함이 자리잡고 있었다.

하지만 요즘 강의 시장이 어떤지 아는가? 재미있게, 지루하지 않게, 그러면서도 의미를 심어 달라는 것이 기업 관계자의 요구 사항이다. 나는 고민에 빠졌다. 노래방에 간 기억도 손가락으로 꼽을 지경이고, 나이트클럽은 대학 시절 억지로 친구들에게 끌려 한 번, 콜라텍은 두 번 간 것이 전부다. 억지로 끌려간 나는 친구들이 시끄러운 음악에 취해 춤을 추며 놀 때 콜라를 마시며 친구들의 가방과 옷을 지켰다. 그다음부터는 친구들이 같이 가자는 말도 안 했다.

한번은 초등학교 총동창회에 참석한 적이 있었다. 그날은 100회 기념으로 전체 사회를 봐달라는 선배의 부탁이 있어서 처음으로 참석한 것이었다. 전체 식이 끝나자 천막으로 만들어진 각각의 기수 부스에서 축제 같은 모임이 이루어지고 있었다. 우리 동창들은 66회 졸업생인 내가 100회 기념 총동창회 사회를 본 것에 대한 뿌듯함에 무척 즐거워했다.

그 분위기로 노래방 기기 앰프에 맞춰 한 친구가 조용한 노래를 불렀고, 운동장 한 곳에서는 갑자기 블루스 타임이 조성되었다. 초등학교 시절 한 동네에 살았던 남자 동창이 내가 편했는지 나에게 손을 내밀었다. 블루스를 못 춘다고, 한 번도 춘 적이 없다고 하는데도 그 말을 거짓말이라고 생각하는 듯 계속 손을 내밀었다. 나는 딱 다섯 걸음 만에 '나무토막'이라는 말을 듣고 말았다. 그 정도로 딱딱하고 교과서적인, 한마디로 진짜 재미없는 사람임을 인정하게 되었다.

정말 부드럽고 편안한 분위기로 재미있게 강의를 하고 싶은 마음은 굴뚝같은데 경상도에서 올라온 지 얼마 안 되어 더 딱딱함을 느꼈다. 어떻게 하면 이겨낼 수 있을까? 그 해답을 찾기 위해 나의 강사의 길은 또다시 고민으로 가득 찼다.

춤을 잘 추는 사람, 흥이 많은 사람, 레크리에이션으로 사람들을 잘 리드하는 사람이 정말 부러웠다. 책으로 이론을 공부하고, 인터넷으로 강의를 듣고, 거울 보며 혼자 연습해 보았으나 내 몸에 자연스럽게 배어 있고 녹아나지 않으면 안 되는 것임을 깨달았다. 그래서 웃음 레크리에이션에 관한 교육을 오프라인에서 직접 몸으로 부대끼며 수강하기로 결심하고 마땅한 곳을 찾기 시작했다.

많은 강사들의 교육 동영상을 보았지만 여전히 마음은 움직이지 않았다. 웃음, 노래, 춤, 레크리에이션 쪽으로 내가 잘할 수 있으리라는 자신감은 여전히 극도로 낮았다. 강의를 하고 나면 늘 재미(fun)

로 2% 부족함을 채워야 한다는 것을 느끼는 나였기에 정말 간절하고 절실했다.

간절함이 통했는지 어느 날 나무토막 같은 내 어깨가 아주 조금 들썩거림을 느낄 수 있는 동영상을 만났다. ○○행복미래연구소에서 강사 양성과정 중 실버를 위한 노래, 율동, 레크리에이션 수업을 하는 장면을 유튜브를 통해 보게 되었는데, 나무토막 같던 내 어깨가 들썩임을 살짝 느낄 수 있었다. 그 떨림이 얼마나 반가웠던지 동생과 함께 청담동에서 있을 교육 과정에 등록했다. 내 입장에서 그 교육 과정은 속된 말로 망가져야 참여할 수 있는 내용이었다. 여태껏 망가져 본 적이 없었던 나에게 당시 교육은 정말 모든 것이 어색했고, 그 쭈뼛쭈뼛함에 여간 곤란한 것이 아니었다.

하지만 나는 목표를 달성해야겠기에 어색함을 털어 내는 것도 나 스스로 해야 했다. 옆에 앉아 같이 웃어 주는 동생이 있어서 더 용기를 낼 수 있었고, 차츰 익숙해짐을 느낄 때 어느덧 교육은 마무리 단계에 접어들었다. 마지막 1시간을 리더십과 함께 웃음으로 의미 있게 마무리해 주시는 소장님의 모습을 보며 현재 나의 딱딱한 강의에 자연스럽게 웃음을 접목할 수 있는 방법이 떠올랐다.

당장 집에 와서 강의안에 PPT를 만들어 추가했다. 현재까지 '보이스 트레이닝' 강의 시 '웃음과 복식호흡'을 진행하면서 매 강의마다 딱딱함을 벗어던지고 청중들과 재미있게 소통하고 있다. 물론 처음 몇 번은 쉽지 않았다. 스스로 어색함을 느끼면서도 강의 시 계속 소위 망가졌다. 세 번, 네 번, 그러다가 어느 순간부터인지 어색함과 주저함은 전문가다운 당당함으로 변해 있었다. 그래서 나는 강의가 정말 재미있다.

강의를 마치고 나면 "어쩜 강의를 그렇게 잘하세요?", "강의가 정말 좋았어요.", "강의가 재미있네요." 하는 청중들이 있다. 이런 피드백을 들을 때마다 내 것만 고집하지 않고 늘 새로운 것을 찾아 공부하고 연구하는 내 모습이 뿌듯하다. 그렇게 기쁘게 돌아오는 길에는 입이 귀에 걸리고 음정, 박자 다 무시한 음치 노래까지 남발한다.

그때 나의 선택은 내가 강사의 길을 가면서 늘 부족하다고 느꼈던 2%만을 채워 준 것이 아니었다. 시간이 흘러감에 따라 그 2%의 위력이 감히 수치를 따지지 못할 정도의 강력한 힘을 주고 있다. 지금도 꾸준히.

지침 13

통합된 강의를 하고, 통합된 강사가 되라! 강의도, 청중도 정해 놓은 것만 선호하는 강사들이 있다. 나는 그런 강사를 채용하지 않는다. 강의를 하면서 느낀 것인데, 모든 강의에 한 가지로만 똑떨어지는 내용은 없었기 때문이다. 그래서 나는 많은 경험을 <u>스스로</u> 해보길 권한다. 배우는 것도 버릴 것이 없더라는 것이다. 행운은 오늘도 나에게 찾아온다. 준비된 사람에게는 행운이지만 게으른 사람에게는 아무 가치도 없다. 행운은 준비한 사람만이 얻을 수 있는 것이니 항상 준비하고 깨어 있어라.

파워포인트는 어렵다?

   내 강의의 첫 번째 청중은 언제나 남편이다. 지금도 강의가 있는 전날 저녁이면 남편을 청중으로 앉힌다. 그러면서 PPT의 전체 흐름을 정리하고 강의 준비를 마무리한다. 혹시 경상도 억양 때문에 스스로 고개가 갸우뚱거리는 단어가 있으면 남편에게 "여보, 이거 발음해 봐" 하고 부탁한다. 그러고는 따라서 발음하고 스스로 수정한다. 지금이야 이렇게 강의 준비를 마무리할 때 남편이 소중한 청중이 되어 주지만 처음부터 그랬던 것은 아니다.

   처음에는 실제로 강의하는 것처럼 스마트폰으로 녹음해서 보내 주었다. 그러면 다 듣고 나서 바로 전화나 카카오톡으로 나에게 피드백을 주었다. 그러면 나는 남편의 피드백을 참고해 연습하고 다시 녹음해서 보냈다. 그리고 또 피드백을 받았다. 함께 차를 타고 갈 때는 차 안에서 녹음한 내용을 들으며 피드백을 받고 수정했다. 그렇게 반복해서 연습하고 또 연습했다.

그런데 문제가 하나 있었다. 남편은 내 강의에 콩깍지가 심하게 씌어서 "당신이 아니면 누가 이렇게 하겠어?" 하며 무엇을 해도 무조건 최고라고 했다. 말이 빠르다고 느끼면 말이 빠르다는 피드백과 함께, 그래도 당신만큼 이렇게 매력 있는 어투로 강의하는 강사는 한 번도 못 봤다는 둥, 당신은 최고 강사라는 둥, 당신 강의를 듣고 있으면 묘하게 빨려 들어간다는 둥 늘 찬사를 늘어놓았다.

처음에는 자존심 강한 내가 상처받을까 봐 용기를 주려고 그러나 보다 생각하고 그냥 지나쳤는데, 계속해서 폭풍 칭찬을 늘어놓으니 아무리 생각해도 진심으로 느껴지지 않았다. 아직은 강사로서 많이 부족하다는 사실을 알고 있는데 늘 최고라고 해주니 슬슬 짜증이 났다. 어떤 때는 진심으로 생각하지 않고 귀찮아서 건성으로 피드백을 준다는 생각에 화를 낸 적도 있었다.

그러자 남편은 진심인데 화를 내면 어떻게 하느냐고 난감해했다. 오히려 당신이 자신을 모르고 있다면서 몇 달 동안 계속해서 '당신은 최고 강사다', '당신이니까 이렇게 표현할 수 있다', '매력을 느낄 수밖에 없다' 하며 칭찬을 해댔다. 어느 순간 나도 모르게 '아, 그런가?' 하고 착각의 늪에 빠지게 되었다.

이런 남편의 칭찬과 나의 착각은 나를 발전하도록 돕는 에너지가 되었다. 칭찬에 힘입어 자신감과 당당함으로 스스로를 토닥거리며 연습하고 또 연습하고, 노력하며 최선을 다할 수 있었다. 스스로 이런 내 모습을 바라보면서 광팬 남편의 무조건적인 찬사가 지금의 나를 만들었다는 사실에 감사함을 느낀다.

강사를 하기 전, 나는 호소력 있는 선거 연설원이었다. 20여 년의 각종 선거 연설과 웅변으로 파워풀한 스피치가 온몸 구석구석에 녹아 있는 웅변학원 원장이었다. 그런데 연설을 할 때는 전혀 느끼지 못했던 어려움을 강사를 하며 느끼게 되었다. 바로 PPT다.

연설은 미리 작성한 원고를 들고 3분 50초에서 5분 사이에 끝내면 된다. 5분 안에 청중의 마음을 부드럽게도 하고 가슴을 조이게도 하며, 때로는 여유를 느끼게도 한다. 눈과 귀를 확 끌어당기는 클라이맥스 부분에서는 진한 감동을 주어야 한다. 마무리 단계에서는 신뢰감을 주고 겸손함을 보여 주는 아주 짧지만 강력한 울림이 있어야 한다. 연설은 짧은 시간 내에 모든 것을 보여 주어야 하기 때문에 빠른 변화와 커다란 울림이 있어야 한다.

연설을 할 때는 PPT를 사용하지 않는다. 수업을 할 때도 마찬가지로 그전에는 PPT를 사용하지 않았다. 교재가 있고, 필요한 내용은 칠판에 적어 가며 설명했다. 교수자도 학습자도 교재만 있으면 수업 준비는 거의 다 한 셈이었다.

그러다 보니 나는 PPT를 접할 기회가 없었다. 강사는 하고 싶은데 파워포인트를 전혀 쓸 줄 몰라서 고민하는 사람이 꽤 많다. 물론 공처럼 통통 튀는 요즘 신세대에게는 아무런 문제가 되지 않지만, 주위에 강사의 꿈을 품은 사람들을 보면 의외로 파워포인트가 뭔지도 모를 뿐 아니라 컴퓨터를 다룰 줄 몰라서 포기하는 경우도 많다.

나 또한 예외가 아니었기에 그 기분을 충분히 이해한다. 하지만 걱정할 필요 없다. 파워포인트가 먼저가 아니라 강사가 되어야 한다는 마음가짐이 먼저다. 마음가짐으로 구체적인 목표를 세우고 나서 본격적으로 강사가 되기 위한 공부를 시작할 때 PPT 사용 능력은 고민 서열의 마지막에 위치하기 때문이다. 앞에서 강의 모방을 언급한 바 있다. PPT도 모방에서 시작하면 되므로 아무런 문제가 되지 않는다.

나도 처음에는 남편이 만들어 주거나 남편이 만든 것을 복사해서 모방했다. 비슷하게 내 것으로 만들기도 하고, 글자와 그림만 조금씩 바꾸기도 했다. 모방을 하다 보면 창의적인 아이디어가 나오고,

그러다 보면 다른 사람이 내 것을 모방한다. 그러면서 PPT 사용 능력이 발전한다. 이것도 찰지게 배워서 맛있게 남 주는 방법 중 하나다.

모방으로 시작한 PPT 실력이 강의안을 스스로 만들 수 있는 수준으로 발전하고, 몇 번 반복하다 보면 그 실력이 더욱 향상된다. 자주 하다 보면 이런저런 애니메이션 기능도 하나둘 삽입할 수 있고 글꼴, 입체도형, 색칠하기, 테두리 같은 기능도 저절로 알게 된다.

세탁기나 핸드폰을 처음 사용할 때를 떠올려 보자. 지금은 어떤가? 각각의 기능들을 어려움 없이 잘 사용하고 있지 않은가? 컴퓨터를 다루는 기술이 서툴고 파워포인트가 염려스럽다면 세탁기나 핸드폰과 같다고 생각하자. 용기가 생기고 두려움에서 벗어날 수 있을 것이다.

해보지도 않고 미리 염려하지 마라. 사람은 하루에 오만 가지 생각으로 고민하고 염려하고 걱정한다고 한다. 그중에서 96%가 쓸데없는 걱정, 하지 않아도 되는 부정적인 생각이다. 자, 이제 쓸데없는 걱정은 휴지통에 버리고 과감히 도전해 보자.

지침 14

나도 강사가 될 수 있을까? 그렇다. 당신도 강사가 될 수 있다. 남들이 뭐라고 말하든 흔들리지 말라. 훌륭한 강사가 되겠다는 목표가 있고, 지금 올바른 꽃길로 들어섰다는 확신이 든다면 청중 앞에 선 자신의 모습을 상상하며 걸어라. 두 발로 한 걸음 한 걸음 힘차게 걸어가면 된다.

나에게 이야기하기
               – 이어령

너무 잘하려 하지 말라 하네
이미 살고 있음이
이긴 것이므로

너무 슬퍼하지 말라 하네
삶은 슬픔도 아름다운 기억으로
돌려주므로

너무 고집부리지 말라 하네
사람의 마음과 생각은 늘
변하는 것이므로

너무 욕심부리지 말라 하네
사람이 살아가는 데 그다지
많은 것이 필요치 않으므로

너무 연연해하지 말라 하네
죽을 것 같던 사람이 간 자리에
또 소중한 사람이 오므로

너무 미안해하지 말라 하네

우리 모두는 누구나 실수하는
불완전한 존재이므로

너무 뒤돌아보지 말라 하네
지나간 날보다 앞으로 살날이
더 의미 있으므로

너무 받으려 하지 말라 하네
살다 보면 주는 것이 받는 것보다
기쁘므로

너무 조급해하지 말라 하네
천천히 가도 얼마든지
먼저 도착할 수 있으므로

【나의 다짐】 자, 이제부터 시작이야! 파이팅!

나의 꿈	
꿈을 향한 구체적 계획들	
지금의(미래의) 나에게 편지 쓰기	

3장

실전 강사
도전기

실전 강사 도전기

얼짱 각도
프로필 사진

남이야 팥으로 메주를 쑤든, 뛰어가든 날아가든 굳이 그들과 발맞춰 나갈 필요 없다. 세상의 중심은 나이고, 나를 중심으로 세상이 움직인다는 것을 알면 된다. 가슴 뛰는 삶을 살기 위해 흔들리는 마음가짐을 바로 세우고, 내 꿈을 실현하기 위해 눈치 보지 않는다. 욕심 부리지 않고 아주 천천히, 그러면서도 자신의 보폭을 유지한다. 같은 생각을 하는 동료와 함께 한 단계 한 단계 서로 용기를 주고 끊임없이 연구하면서 잘 마무리한다.

드디어 자신을 인정해 주는 인증 단계다. '나도 이젠 강사다.' 그렇게 강사자격 검정시험을 치르고 자격증을 취득했다. 민간 자격증이지만 국가 자격증 부럽지 않을 뿌듯함과 감격에 울컥울컥하는가 하면 콧잔등이 시큰거림도 맛보았다. 당당함이 수료 사진을 찍는 표정에서, 수료증과 자격증을 든 모습에서 뿜어져 나온다.

"하나, 둘, 셋!"에 활짝 웃으며 엄지와 검지로 하트 모양을 만들면서 사진을 찍는다. 다시 "하나, 둘, 셋!" 하면 주먹을 불끈 쥐고 다 함께 다시 한 번 나의 목표와 미래의 모습을 상상하며 파이팅을 외친다.

강사 양성과정을 마치고 수료하는 날은 분명 뿌듯함에 가슴이 떨리고 내가 해냈다는 생각에 들떠 있게 마련이다. 그런데 하루가 지나고 이틀이 지나면 머리가 복잡해져 오고, 정말 내가 사람들 앞에서 강의를 할 수 있을까 싶어 가슴이 콩닥거려 진정이 안 될 것이다. 소질이 없는 것일까? 자신감이 조금씩 떨어질 수도 있고, 강의하는 내 모습이 상상한 것만큼 능숙하지 않아 포기하려 할 수도 있다.

하지만 잘 생각해 보라. 다시 한 번 그 콩닥거림에 귀 기울여 보라. 들리는가? 그 콩닥거림은 두려워서 떨고 있는 것이 아니라, 목표를 향해 한 발씩 내딛기 시작한 행복한 가슴 떨림이지 않은가? 첫술에 배부른 법 없다.

그러나 첫술은 굉장히 중요하다. 앞으로 나아갈 강사의 꽃길에 탄탄대로가 될 수도 있고, 가을 나무에서 뱅그르르 힘없이 떨어지는 낙엽이 될 수도 있기 때문이다. 강의가 있든 없든 상관없이 매일 실전 같은 강의를 해야 성장할 수 있다. 멈춤이 있어서는 안 된다. 연습하고 또 연습하고 실전처럼 계속 연습하라.

청중 앞에서 하는 강의에 연습 무대란 없다. 하루하루 내가 노력하는 그곳이 모두 무대인 것이다. 무대를 만들어 온 모습이 바로 청중 앞에 선 나의 당당한 모습이며, 청중이 나를 인정해 주는 '엄지척' 모습이다. 모의시강을 한 것도 내가 실제 강의를 한 것과 같다. 실전같이 하라는 말도 그런 이유에서다.

강의 교안과 PPT를 만들고 나니 유독 두 번째 장이 비어 있음이 보인다. 바로 강사 소개란이다. 지금껏 강의를 해주신 여러 강사님들을 보니, 하나같이 모델 같은 포즈와 아나운서 같은 당당한 표정으로 프로필 사진을 찍었더라. 그리고 멋지게 강사 소개를 하더라.

'아, 부럽다. 멋지다!'

나도 그렇게 사진을 찍어서 프로필을 만들어야겠다고 생각하고 메모도 했던 기억이 날 것이다.

이젠 실전이다. 기억으로만 생각해서는 안 된다. 실천이 중요하다. 집에서 찍었던 평범한 사진으로 프로필을 만들었더니 영 폼이 나지 않는다. 핸드폰 사진 갤러리에서 찾아보았지만 전부 마음에

들지 않는다. 한마디로 전문성이 떨어지더라는 말이다.

'그래, 나도 이젠 강사다.'

나도 멋진 강사의 품위를 느낄 수 있는 그럴듯한 정장 한 벌을 사서 처음으로 프로필 사진을 찍었다. 처음으로 프로필 사진을 찍으면서 모델이 된 듯한 행복한 착각도 해보고, 전문 강사로서 자존감이 상승하면서 멋지게 해낼 것이라는 각오가 다져지기도 하는 시간이었다. 그런 느낌들로 인해 참으로 보람된 출발점이었다는 기억이 새록새록 난다.

과정을 수료한 동기생들과 어울려 스터디도 하고 서로 정보도 공유하는 시간을 지속적으로 갖는 것은 우리에게 매일같이 오는 행운을 잡기 위한 준비과정이다. 그들과 함께 프로필 사진을 찍으러 가라. 혼자서 살짝 가는 강사도 있다. 비싸게 돈만 들이고 싶으면 혼자 살짝 가라. 여럿이 함께 가면 프로필 사진을 처음 촬영하는 어색한 기분도 줄고 또 서로에게 충고도 해줄 수 있기 때문에 좀 더 자연스러운 포즈를 찾을 수 있다.

프로필 사진을 찍기 위한 한 가지 중요한 팁은 재킷을 2개 정도 챙겨 가라는 것이다. 아나운서 같은 전문직 분위기를 뽐내는 내 모습을 전문가와 기술 문명의 힘으로 멋지게 탄생시킬 수 있는 프로필 사진을 자주 찍을 순 없다. 금액도 그렇고 시간적인 면에서도 그렇다. 그러나 찍어 놓으면 전문가의 손길로 작품화한 그 사진이 정말 다양하게 쓰인다는 것을 실전 강의를 하면서 점차 느낄 것이다.

　매번 같은 옷을 입고 같은 포즈를 취하고 있는 사진만 보면 아쉬움이 생긴다. 그럼에도 불구하고 촬영 기사가 감사하게도 세월을 10년 전으로 자연스럽게 돌려 소위 '얼짱, 몸짱'으로 더 자신감 있게 만들어 주니 호감 가는 모습이 아닐 수 없다. 강사 지원서나 강의 제안서에 첨부되는 이러한 프로필 사진은 상대방에게 굉장한 신뢰감을 준다.

지침 15

포기하지 않고 지속적으로 밀고 나가는 인내가 필요하다. 혹여 내 뜻대로 되지 않는다고 해서 비관하거나 괴로워하지 말라. 노력하지 않고 처음부터 잘나가는 사람은 없다. 먼저 내가 나를 사랑하고 겸손한 자세로 미래를 준비하면, 오늘의 실패는 실패가 아니라 내일의 성공을 축복하는 열매임을 체험할 것이다. 그날을 상상하라. 그리고 크게 한번 웃어 보자. "하하하."

100여 개
자격증 공장

초등학교 5학년 때부터 시작한 웅변은 중등부, 고등부를 지나 성인이 되어서도 늘 나를 따라다녔다. 20대에는 전국 남녀웅변글짓기 대회에 참가해 일반부 특상과 제2정무장관상을 받았다. 20대에 웅변학원에서 웅변과 글짓기 강사로 아르바이트를 하게 된 것이 아마도 교육의 길 25년을 걸어갈 운명의 시작이었던 듯하다.

웅변학원에서 강사생활 10개월 만에 자연스레 웅변학원을 경영하게 되었다. 유치부 선생님이 아이들과 함께 하는 손유희와 유아율동은 유아교육을 전공하지 않았던 나에게 정말 어려웠고 몸에 익지 않았다. 그래서 유치원 교사나 보육교사 자격증을 소지한 선생님들을 배치하는 각 반 담임제로 운영했었다.

　그런데 당시는 신학기에 병설 유치원이나 국공립 유치원에 지원했다가 떨어진 교사들이 모두 어린이집이나 학원으로 몰리는 실정이었다. 그런 선생님들은 유치원에 자리가 나면 학원에는 연락도 없이 다음 날 나오지도 않고 유치원으로 출근해 버리는 경우가 많았다. 교사로서 기본 자질이 의심되는, 인성이 겸비되지 않은 그런 사람들 때문에 우리 같은 학원에서는 운영에 애로점이 많았다. 자격증을 소지한 교사가 갑자기 그만두면 무자격이 되니 교육청 감사에 걸릴 수 있었다. 따라서 자격증을 소지한 교사가 항상 서류에 등록되어 있어야 했는데 그런 교사를 채용하기가 하늘의 별 따기였다.

　자격증 감사로부터 자유로워지기 위해 내가 선택한 것이 한국방송통신대학교 유아교육과 2학년 편입이었다. 3학년 편입은 보육교사 자격증을 취득할 수 있는 조건이 아니었기에 2학년으로 편입했다. 그리고 자격증을 취득해 교육청에 당당하게 등록했고, 드디어 학원에서 교사 채용 시 자격증으로부터 해방될 수 있었다. 그것을 시작으로 나는 학원을 하면서 여러 가지 공부를 하는 것이 즐거워졌고, 배우는 과정이 끝나면 하나하나 나에게 인증서처럼 자격증이 절로 쌓이게 되었다.

　나는 20대부터 현재 50대에 이르기까지 사람을 가르치는 일을 해

왔다. 대상도 유아부터 노인까지 남녀노소 모든 세대와 함께 웃고 생활해 왔다. 학원을 경영하면서 늘 새로운 것을 알고자 했고, 그 결과 지금 나는 국가 자격증과 민간 자격증을 합쳐 대략 100여 개는 갖고 있다.

민간 자격증은 내용은 비슷비슷한데 과거 자격명이 사라지면서 새로이 등장하기도 하고, 강의 분야가 복잡하고 분류 또한 비슷한 것이 갈래갈래 나누어져 있는 것처럼 상당히 유사한 것도 많다. 내가 가진 자격증 100여 개 중에서도 비슷한 것이 굉장히 많다. 예를 들면 스피치 지도사, 키즈스피치 지도사, 시니어스피치 지도사처럼 스피치 하나에도 이렇게 많은 분류가 있다.

나는 20대부터 지금까지 계속 일을 하면서 공부해 왔다. 평생학습, 평생공부다. 그 결과 자격증이 100여 개다. 이것을 자랑한다거나, 옳다거나, 모방하라는 이야기가 아니다. 내가 말하고 싶은 것은, 분명 교육이란 통합적이라는 점이다. 청중이나 남녀노소 구별 없이 소화할 줄 아는 전천후 소통강사가 되었음 하는 바람이다.

유아를 가르치는 사람 따로 있고, 직장인과 노인을 대상으로 하는 강사도 각각 따로 있다고 구별 짓지 말기 바란다. 20년 전에 공부해서 땄던 자격증이 현재 강사로서 또는 강사를 양성하는 리더로서 추진력에 굉장한 자신감을 준다. 내가 쌓은 스펙은 어마어마한 경험의 무기가 되어 나를 더 당당하고 자신감 있게 코칭해 주며, 확신에 찬 강의를 할 수 있게 해준다.

교육은 버릴 것이 하나도 없다. 나는 노인센터에 가서 인권 강의를 할 때면 어르신들께 버릇없이 날뛰는 20대, 30대 젊은이들을 향해 이렇게 큰소리치시라고 알려 드린다.

"너희는 늙어 봤냐? 나는 젊어 봤다!"

어르신들이 살아온 '경험'이라는 교육은 어느 누구도 이길 수 없음을 말씀드리고 "내가 갑이여!"를 다 같이 외치면서 함께 웃는다.

지침 16

성공한 사람들의 공통점은 자신에게 찾아오는 행운을 절대 놓치지 않는다는 것이다. 행운을 놓치지 않으려면 간절히 원하고 늘 최선을 다해서 노력하고 배우고 익혀라. 세상에 쓸데없는 자격증이란 없다. 동시에 쓸모없는 배움도 없다. 배우고 익히는 것을 게을리하지 말고 항상 메모하고 준비하라. 세상은 준비된 자에게 러브콜을 보낸다.

스피치의 위력

스피치(speech)란 말, 말하기, 말하는 능력, 말투, 화법, 연설이라는 뜻이다. 19세기 미국의 정치가이자 언론인인 다니엘 웹스터는 "만일 신이 내게서 모든 것을 다 빼앗아 가고 단 하나만 선택하라 하신다면 나는 이 능력을 택하겠다. 이 능력만 있으면 모든 것을 다 되찾을 수 있기 때문이다"라고 말했다. 여기서 말하는 '이 능력'이란 스피치다. 모든 것을 다 빼앗기고도 스피치로 모든 것을 되찾을 수 있다니, 스피치의 위력이 얼마나 큰지 강사로서 최고로 꼽아야 할 조건임이 분명하다.

주민자치위원 면접 때 한 동장님이 나에게 이런 질문을 했다.

"강사면 말을 잘할 텐데, 특히나 스피치 강사니 말을 너무 잘할 것 같아…. 오히려 말을 많이 해서 다른 사람과 싸우거나 분쟁이 자주 일어날 수도 있겠습니다. 분쟁이 일어나면 어떤 식으로 해결합니까?"

이 같은 스피치 강사에 대한 선입견을 담은 질문에 '뭘 잘 모르시는구나' 하는 생각이 들면서 제대로 알려 드려야겠다는 마음이 생겼다.

"동장님, 스피치는 말을 잘하는 것이 아니라, 잘 말하는 것입니다. 그래서 스피치 강사는 혼자 말을 많이 하지 않고 사람들과 문제를 일으키지도 않습니다. 스피치 강사는 상황에 맞게 잘 말하는 사람이기에 오히려 분쟁이 없습니다."

웃으면서 차분히 답변하는 나를 보고 격하게 끄덕이던 동장님의 모습이 지금도 눈에 선하다. 이처럼 많은 사람들이 스피치를 '말을 잘하는 것'으로 이해한다.

물론 스피치는 무대공포증이나 대인공포증, 불안이나 떨림 증상, 말을 더듬는 증상이 있는 사람들이 꾸준히 연습하면 그 증상이 사라지면서 말을 잘할 수 있다. 하지만 결국에는 이들도 잘 말해서 상대에게 전하고자 하는 내용을 잘 전달하려는 것이다. 잘 말하는 방법에는 어휘력뿐만 아니라 스피치 기법들도 모두 내포되어 있으므로 상대에게 전달을 잘해서 상대가 이해할 수 있도록 해야 한다. 그럼으로써 서로가 불통으로 고통스러워하지 않고 막힘없는 건강한 소통을 이루어야 한다.

강사에게 이해시키고 제대로 전달하는 스피치 능력이 없다면 아무리 지식이 뛰어나도 전문 강사로 평가받지 못한다. 학문과 지식이 아무리 높아도 그것을 표현하지 못한다면 신뢰성과 전문성도 떨어질 수밖에 없다. 강사에게 스피치는 매우 중요한 기술이다. 그렇다면 본인의 스피치에 어떤 옷을 입히면 좋을까?

복식호흡, 신뢰감 있고 외모에 호감을 더하는 목소리 만들기, 공명발성법, 발음 훈련, 발음 ⇨ 발성 ⇨ 호흡 순서대로 가갸표 보고 연습하기, 알고도 틀리기 쉬운 발음 연습하기 등은 스피치와 보이스 트레이닝의 기본이다.

먼저, 좋은 목소리를 만들기 위한 자세를 갖추고 시작해 보자.

· 좋은 자세를 갖추는 것이 중요하다. 허리, 등, 머리는 일직선을 이룬다.
· 다리는 골반 너비로 벌린다.
· 몸 전체의 긴장을 푸는 것이 중요하다. 간단한 체조나 스트레칭

을 하는 것도 좋다.

매일 꾸준히 연습해서 신뢰감 있는 목소리로 청중의 호감을 사는 매력지수를 높여 보자.

1. 복식호흡
· 코로 마시고 입으로 내뱉는다.
· 어깨가 들리지 않는다.
· 배에 공기를 채운다.

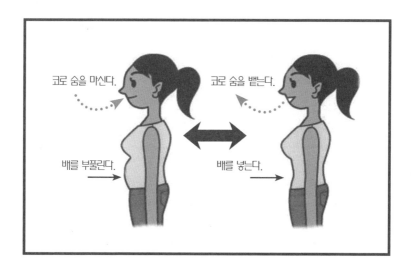

2. 신뢰감 있고 외모에 호감을 더하는 목소리 만들기

· 일반적으로 사람들은 중저음의 목소리를 들을 때 안정감을 느끼고, 올바른 억양을 들으면 지적인 느낌을 받으며, 공명이 잘되어 울림이 풍부하게 섞인 목소리에서 신뢰감을 느낀다고 한다.

· 여기에 자신의 솔직한 감정과 따뜻한 마음, 개성까지 더해진다면 세상에서 가장 매력적인 나만의 목소리를 만들 수 있다.

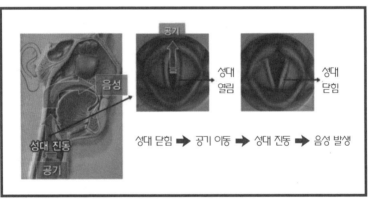

※ 목소리가 나오는 원리: 공기가 후두를 지나가면서 닫혀 있는 성대를 진동시켜 소리를 낸다.

3. 공명발성법

· 목의 아치를 둥글고 크게 열고, 하품을 하듯이 입을 크게 벌린다.

· 목의 아치를 개방하는 것은 목소리를 내는 데 상당히 중요하다. 답답하고 꽉 막힌 소리가 아니라 시원시원하고 맑게 울리는 목소리를 갖고 싶다면, 목의 아치는 반드시 둥글고 크게 열어 주어야 한다.

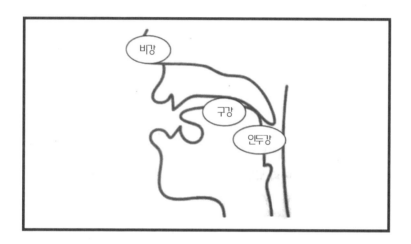

4. 발음 훈련

· 목과 어깨 근육의 긴장 풀기

· 안면근육 지압하기

· 양 뺨 부풀리기

· 입술 풀기

· 똑딱똑딱 소리 내기

5. 발음 ⇨ 발성 ⇨ 호흡 순서대로 연습하는 가갸표

구분	ㅏ	ㅑ	ㅓ	ㅕ	ㅗ	ㅛ	ㅜ	ㅠ	ㅡ	ㅣ	ㅐ	ㅘ	ㅟ	ㅝ
ㄱ	가	갸	거	겨	고	교	구	규	그	기	개	과	귀	궈
ㄴ	나	냐	너	녀	노	뇨	누	뉴	느	니	내	놔	뉘	눠
ㄷ	다	댜	더	뎌	도	됴	두	듀	드	디	대	돠	뒤	둬
ㄹ	라	랴	러	려	로	료	루	류	르	리	래	롸	뤼	뤄
ㅁ	마	먀	머	며	모	묘	무	뮤	므	미	매	뫄	뮈	뭐
ㅂ	바	뱌	버	벼	보	뵤	부	뷰	브	비	배	봐	뷔	붜
ㅅ	사	샤	서	셔	소	쇼	수	슈	스	시	새	솨	쉬	숴
ㅇ	아	야	어	여	오	요	우	유	으	이	애	와	위	워
ㅈ	자	쟈	저	져	조	죠	주	쥬	즈	지	재	좌	쥐	줘
ㅊ	차	챠	처	쳐	초	쵸	추	츄	츠	치	채	촤	취	춰
ㅋ	카	캬	커	켜	코	쿄	쿠	큐	크	키	캐	콰	퀴	쿼
ㅌ	타	탸	터	텨	토	툐	투	튜	트	티	태	톼	튀	퉈
ㅍ	파	퍄	퍼	펴	포	표	푸	퓨	프	피	패	퐈	퓌	풔
ㅎ	하	햐	허	혀	호	효	후	휴	흐	히	해	화	휘	훠

6. 알고도 틀리기 쉬운 발음 연습하기

· 칠월 칠일은 평창친구 친정 칠순 잔칫날

· 간장공장 공장장은 강 공장장이고, 된장공장 공장장은 공 공장
   장이다.

· 좌회전 우회전 헷갈리지 말고 우회전 좌회전 헷갈리지 말자.

· 고려고 교복은 고급 교복이고 고려고 교복은 고급 원단을 사용했다.

· 중앙청 창살 쇠창살, 검찰청 창살 쌍창살, 경찰청 창살 철창살 검찰청 쇠창살은 새 쇠창살이냐 헌 쇠창살이냐.

· 공룡 멸종설과 서구식 식습관에 관한 프로그램으로 올해의 프로듀서 상을 받은 남자가 안양 양장점에 들러 관심강좌를 등록한 뒤 농구장에서 역전 3점 슛을 관람했다.

· 경품 당첨자인 상담 담당 선생님께 드린 팥죽 속 찹쌀은 합성 착향료를 쓰지 않은 표준 규격품이다.

· 척추옆굽음증이라고 불리는 척추측만증을 앓고 있는 유료 샤워장 이용자들이 상담 담당방에서 안흥팥찐빵을 먹고 있다.

지침 17

스피치, 이것만은 꼭 기억하라. 스피치 10계명!

(1) 원고를 보고 그대로 읽지 말라.

(2) 청중의 시선을 피하지 말라.

(3) 준비 안 된 차림새로 청중 앞에 서지 말라.

(4) 안절부절못하는 모습을 보이지 말라.

(5) 연습 없이 스피치하지 말라. 연습은 반드시 필요하다.

(6) 경직된 자세는 피하라.

(7) 시각 자료를 그대로 읽지 말라.

(8) 길게 말하지 말라.

(9) 흥미를 유발하라.

(10) 마무리를 명확하게 하라.

강사 데뷔 무대:
100번의 리허설

누구나 생각만으로도 가슴 떨리는 잊지 못할 순간이 있다. 첫사랑, 첫 키스, 첫 만남, 첫 포옹, 첫 강의. 이렇게 사람마다 특별히 기억하는 처음이란 것이 있다. 내게는 첫 강의가 그렇다. 내가 말하는 강사 데뷔 무대는 아카데미나 복지센터 같은 곳에서 소수의 인원을 대상으로 하는 교육이 아니다. 그렇다고 그런 교육을 무시하거나 가볍게 여긴다는 뜻은 아니다.

내게도 잊지 못할 강사 데뷔 무대가 있었다. 당시 나는 평생교육원 교육법인 원장으로 국비 훈련과정에서 각종 강사 양성과정을 진행하고 있었다. 평생교육원 운영 관리와 짜놓은 교육 강의로 늘 바빴다. 외부 강의는 언제나 파트너 강사들에게 연결해 주었을 때였다.

어느 날 군수물자를 담당하는 군수지원사령부에서 강의 의뢰가 왔다. 군 간부 1,200명을 대상으로 '성인지 향상 교육' 2시간을 제안했다. 천 명이 넘는 군 간부를 대상으로 하는 특수한 상황이라 일반 강사들이 쉽게 할 수 있는 강의가 아니었다. 그렇다고 스타일 구겨지게 "자신 없습니다"라고 할 수도 없었다. '성희롱 예방 교육을 한 번도 해본 적이 없습니다' 하며 초보 냄새를 폴폴 풍길 수도 없어서 일정을 확인한 뒤 덜컥 할 수 있다고 말했다. 딱 내가 가야 할 상황이었다.

당시 나는 아카데미에서 소수 인원의 수강생에게 스피치 강의를 하고, 기업 CEO에게 스피치 개인 코칭만을 하던 터라 기업이나 외부에서 50명이 넘는 청중을 대상으로 강의를 할 기회가 전혀 없었다. 이것이 바로 나에게 찾아온 첫 무대였다. 과거에 웅변이나 연설을 할 때는 청중이 수백 명이나 천 명이 넘어도 아무런 문제가 되지 않았다. 오히려 사람들이 많아야 더 신나고 짜릿했다.

그런데 이건 웅변도 아니고, 5분 안에 끝나는 연설도 아니었다. 직장 내 성희롱 예방 교육이나 성인지 향상 교육을 해본 적도 없었다. 강의안이나 PPT 등 아무것도 없는 상태였다. 말 그대로 '맨땅에 헤딩'이었다. 하지만 이미 하겠다고 답을 했으니 내가 할 일은 준비해서 강의를 성공적으로 마무리 짓는 것뿐이었다.

도전! 얼마나 철저히 강의 교안을 만들고, PPT를 다듬었는지 모른다. 첫 강의라 부담이 컸는지 잠도 오지 않았다. 하루에 몇 번을 연습하고, 강의안도 고치고 또 고쳤다. 2시간 분량 강의라 외워야 하는 PPT 페이지 수도 엄청났다. 강사 첫 데뷔 무대를 망칠 수 없었고, 그러면 앞으로의 강사생활도 끝이라는 생각에 수없이 연습을 반복했다. 100번의 리허설을 했는데도 100번이 100번 같지 않을 정도로 연습에 연습을 더했다.

드디어 데뷔 날! 아침에 눈을 뜬 순간 이상하게 기분이 안정되면서 좋은 느낌이 들었다. 2,000명을 수용할 수 있는 강당에, 줄지어 계단에 놓인 의자에 하나둘씩 군인들이 들어와 앉았다. 강당을 가득 메운 상태에서 강사 소개가 끝나자 나는 단상 위로 올라가 마이크를 잡았다.

"충성! 강사 허정미, 2015년 ○○월 ○○일 부로 ○○부대 간부님들에게 성인지 향상 교육을 명 받았습니다. 이에 신고합니다. 충성!"

나의 거수경례에 강당은 환한 미소와 뜨거운 박수로 가득했다. 누가 오늘 청중을 1,000명이라고 했던가. 내 눈에는 100명 남짓으로밖에 보이지 않았다. 마치 연설을 하려고 단상에 오를 때 느끼듯 짜릿함과 설렘이 온몸을 감쌌다. 얼마나 감동인지, 그들과의 눈맞춤이 얼마나 행복한지, 강의 내내 환한 미소가 밀려들었다.

마지막 PPT 한 장을 남겨 두고 그들과 더 가까이에서 소통하기 위해 단상 아래로 내려갔다. 나의 진정함이, 행복함이 그들에게도 전해졌는지 모두 내 말에 *끄덕끄덕* 공감할 때, 마지막 PPT를 펼치기 위해 레이저 포인트를 힘껏 눌렀다.

"고맙습니다."

강의를 마치자마자 자신을 군종목사라고 소개한 분이 이렇게 귀에 꽂히는 강의는 처음이라며 일반 사병들을 교육할 때 활용하려고 강의 내용을 적었다고 수첩을 보여 주었다. 아울러 사병들에게 강의할 좋은 정보를 줘서 고맙다는 말도 덧붙였다. 피드백이 얼마나 감사하던지.

나는 그렇게 강사 데뷔 무대를 멋지게 소화해 냈다. 다음 날 군부대 관계자에게서 교육을 듣지 못한 나머지 간부 500명에게도 강의를 부탁한다는 전화가 왔다. 이미 100번 이상 연습한 강의였지만 하루도 그냥 덮고 지나가지 않았다. 그렇게 일주일 뒤에 있을 강의를 위해 연습하고 또 연습했다. 그만큼 나에게는 강사 데뷔 무대를 성공적으로 이끌고 싶은 간절함과 절실함이 컸다.

두 번째 강의를 시작하려는 순간 부대 내의 사정으로 2시간짜리 교육을 1시간에 끝내야 한다고 통보받았다. 나는 당황하지 않고 1시간 만에 깔끔하게 마무리 지었다. 역시 명강사는 다르다는 찬사를 받았고, 지금까지 부대에 와서 강의한 외부 강사 중 최고라는 평가가 나왔다는 관계자의 피드백을 받기도 했다.

데뷔라고 하기에는 너무 큰 무대를 행복한 마음으로 여유 있게 소통하고, 강의 내내 그들과 눈맞춤으로 설렐 수 있었던 것은 바로 실전 같은 연습으로 완벽하게 준비했기 때문이다. 그래서 예기치 않은 상황에서도 당황하지 않고 깔끔하게 박수를 받으며 해낼 수 있었다.

지금도 나는 수강생들에게 그때 사용했던 PPT와 강의안을 보여주며 그들에게도 나와 같은 절실함이 전해지길 바란다. 그 노력의 흔적이 가득한 자료를 보며 지금도 나는 스스로 동기부여를 받는다.

강사 양성과정 중 강의주도법을 교육할 때면 빼놓지 않고 늘 지금 내가 서 있는 이곳 아카데미를 연습 무대로 활용하라고 말한다. 내가 말하는 연습 무대는 단순히 연습만 하는, 대충해도 되는, 자기 마음대로 해도 되는, 허구한 날 틀리다 그만둬도 되는, 그저 그런 연습이 아니다. 연습 강의를 마치 실전같이 하라고 말하는 것이다. 아카데미에서 교육을 하다가 너무 떨려서 자칫 실수를 하더라도 '그래, 저 모습이 바로 내 모습이지!' 하며 마치 자기 모습인 양 공감하고 때로는 격려의 박수를, 때로는 기쁨의 박수를 쳐주는, 같은 곳을 바라보는 강사라는 공통점을 가진 집단들 앞에서 교육을 하는 것이기에 이것을 충분히 활용하라는 뜻이다.

연습이 아닌 실전 무대인 기업이나 관공서에서는 강사를 냉철히 평가하며, 이심전심의 따뜻하고 애틋한 눈빛으로 이해하거나 재롱잔치 보듯 바라보지 않는다. 말 그대로 실전이라는 것은 마치 전쟁터와도 같다.

하루에도 몇백 명이 전국 곳곳에서 다양한 교육과정의 강사로서 배출되고 있다. 즉, 강사가 널려 있다는 말이다. 그러므로 남들과 똑같이 해서는 전쟁터에서 살아남지 못한다. 나만의 콘텐츠 개발은 필수다. 똑같은 주제라도 다르게 강의할 수 있다면 그것은 나만의 차별화된 창의적 콘텐츠로서 청중이나 혹은 기업의 교육 담당 관계자로부터 훌륭한 강의라는 찬사를 받게 되며, 다른 곳에 소개되기도 한다. 다음에 다시 강의 의뢰를 받을 확률은 당연히 높아질 것이다.

당신은 결코 일회성에 그치는 강사가 되어서는 안 된다. 만일 어딘가에서 강의를 했는데 그 뒤로 더 이상 연락이 오지 않는다면 반드시 반성하고 반복해서 연습하며 노력해야 한다. 적어도 강사 자신은 안다. 오늘 자신이 한 강의가 성공적이었는지 아니면 준비와 연습 부족으로 실패했는지를 말이다.

그렇다고 강의 평가에 너무 예민할 필요는 없다. 내가 최선을 다하고 진정성 있게 그 시간을 강의했다면 평가가 어떻게 나왔든 상관없다. 자신은 실수 없이 잘했는데 청중 탓으로만 돌린다면 문제가 있는 것이다. 중요한 것은 이미 지나 버린 강의 시간이 아니라 앞으로 해나갈 강의 시간이다. 오늘 실패했다면 내일은 충분히 연습할 수 있으니 성공할 기회를 만들 수 있다. 일을 하다 보면 어떤 것이 더 중요한지를 잘 판단할 수 있는 열린 눈과 귀를 가지고 있어야 한다.

지침 18

오늘 이 무대가 마지막인 것처럼 최선을 다하라. '당신 때문'이 아니라 '당신 덕분'이라고 말해 주어라. 절실함으로 반복하고 연습하고 노력하라. 얼마만큼 노력하고 연습했는가? 지금 이 순간 실전 같은 100번의 리허설이 미래의 당신 모습이다. 당신의 미래는 울고 있는가, 웃고 있는가?

성공의 저금통:
신뢰를 바탕으로

　어디를 가나 사람들과 어울리고, 사람들 속에서 행복을 얻고, 늘 환한 미소로 소통하는 사람이 있는가 하면, 혼자라서 외롭다며 사람들 속에 함께 있지 못하고 따로 자기만의 세상을 만들고 살아가는 사람도 있다. 나는 사람들 속에서 함께 웃고 서로 다투면서 성장해 나가는 것이 인생을 건강하고 성공적으로 이끌어 가는 올바른 방향이라고 여긴다.

　인간은 묘한 심리가 있어서 '사람 참 좋다', '법 없이도 살 사람이다', '함께하면 뭔가 좋은 일이 생길 것 같다' 혹은 '이상하게 주는 것 없이 싫다', '목소리만 들어도 짜증 난다' 등 몇 번 보지도 않은 사람을 두고도 마치 그 사람의 모든 것을 아는 양 단정 짓곤 한다. 당신은 어떤 사람으로 평가받고 싶은가? 물론 누구나 '사람 좋다'는 이야기를 듣고 싶을 것이다.

특히 강사에게 이미지는 상당히 큰 의미를 지닌다. 소통을 리드하는 사람, 이미지가 좋은 사람이라면 그 사람의 입을 통해 나오는 말들은 웃는 얼굴로 공감하게 된다. 그래서 강사는 이미지 관리에 철저해야 한다.

그렇다면 청중과 강사가 아닌, 강사와 강사의 관계에서의 이미지 소통은 어떨까? 분명 서로 보이지 않는 '나, 이런 사람이야. 나야, 나!'라는 감정이 자리하고 있다. 그러면서도 일반 청중이 가지고 있지 않은 감정의 눈을 가지고 있기에 같은 일을 하는 사람들끼리는 쉽게 그 깊이를 느낄 수 있다.

이미지는 사람의 마음을 공짜로 얻는 힘이다. 저 사람이 정보만 쏙 빼먹을 이기주의자인지, 정보를 공유하는 부지런한 실속형인지, 무조건 퍼주기 식의 오지랖형인지, 옆에서 지켜보면 알 수 있다. 강사는 혼자 성공할 수 없다고 앞에서도 말했다. 강사로서 행복을 느끼고 싶다면 반드시 사람들로부터 신뢰를 얻어야 한다. 함께하고 싶다는 마음이 들게 하는 강사가 되라는 말이다.

겉과 속이 다른 사람은 한 번만 같이 일해 봐도 안다. 주위에서 함께하는 강사 때문에 속상해하는 경우를 많이 보았다. 나 또한 그랬던 적이 있었다. 함께했기에 더 웃을 수 있는 일이 많았던 적도 있었다. 물론 함께해서 성장하고, 크게 웃고, 오늘 했던 강의를 이야기하고, 더불어 맛있는 음식도 먹을 수 있는 기회가 훨씬 더 많았다. 지금 내가 이렇게 당당히 글을 쓰고, 웃고, 행복해할 수 있는 것도 같은 방향으로 함께 가는 강사들이 옆에 있기 때문이다.

이 길을 가면서 정말 많은 강사들이 있다는 것을 알게 되었다. 본인이 최고라고 외치는 부류도 알게 되었고, 그럼에도 불구하고 '우리는 우리니까' 하고 소박하게 함께 웃는 모임도 알게 되었다. 말만 번지르르해서 다가가면 쓱 미끄러질 것 같은 강사나 원장도 만나 보았고, 너무 바르고 곧아서 오히려 안타까워 보이는 외로운 강사도 만났다. 정말 여러 협회가 있다는 것도 지겹도록 알아 버렸다.

결국 어디에 줄을 서는 강사가 되느냐 하는 문제는 내가 선택하는 것이었다. 어느 모임, 어느 협회, 어떤 강사와 함께하든지 중요한 것은 신뢰감을 주는 것이다. 신뢰감 없이는 같은 공간에서 함께 숨쉬기가 곤란하기 때문이다.

저금통을 하나 장만한 적이 있다. 강사의 길을 걸으며 당시로서는 큰 각오와 목표를 세우고 장만한 저금통이었다. 매일매일 그 안에 무언가를 쏙쏙 넣었다. 누군가를 만나서 주고받은 명함, 강의를 듣고 느낀 감정을 쓴 글이나 강사가 했던 그대로의 PPT, 책을 읽고 마음에 드는 구절을 옮겨 적은 글, 명언, 인터넷 모 강사 카페에서 무작정 내려받은 자료들까지 저금통에 마구마구 넣었다. 이 저금통은 속에 무엇이 있는지 확인하지 않는, 그저 계속 담기만 하는, 정리가 전혀 되지 않는 저금통이었다.

어느 날 갑자기 그 저금통 안이 궁금해지기 시작했다. 아무거나 마구 주워 담았던 내 모습에 실망해 저금통을 없앨 결심을 하고 과감하게 털어 버렸다. 털린 저금통 안을 바라보니 너무나 어수선하다. 언제 집어넣었는지 기억 나지 않는 것도 있고, 정말 소중한 것인데 깜빡 잊고 있었던 것들도 있었다. 말이 좋아 저금통이지 사실은 고스란히 모아 놓은 명함들, 노트 여기저기 긁적거린 메모들, 자료라고 하면 무조건 받아 놓은 정리되지 않은 PPT들을 모두 한곳에 구겨 넣고는 깜빡해서 혹은 게을러서 꺼내 보지 않았으니 먼지 쌓인 쓰레기 더미 같은 것이었다.

털어 버린 저금통을 밤새 잘 정리했다. 최고의 스펙이 될 수 있는 소중한 나의 재산들인데 그렇게 방치해 두었던 것이다. 강사로서의 성공은 지식을 모아 놓는 것이 아니다. 그 모은 지식을 어떻게 활용해서 어떤 경험을 얻고, 얻은 경험을 어떻게 실천하고 행동하느냐에 따라 성공이 좌우된다. 저금통을 정리한 순간, 그것은 큰 성공의 저금통이 되어 다시 내 앞에 명품 같은 카리스마를 뿜어내며 본래 제자리를 지키고 있다.

초보 강사 시절에는 남의 자료에 굉장히 관심이 많고 궁금증도 크다. 그래서 이것저것 가리지 않고 주는 자료는 다 받아 놓는다. 안 된다는 자료도 억지로 구걸하듯 받아 낸다. 강의 후 자료를 주는 강사는 좋은 사람으로 보이고, 주지 않는 강사는 깍쟁이로 보이기도 한다. 한마디로 자료에 대한 욕심이 많아진다.

욕심이 많은 것도 좋고, 자료를 받아 챙기는 것도 좋다. 문제는 다시 보지 않는다는 것이다. 어떤 자료가 어디에 있는지도 모르고 있다가 어느 날 '어, 이런 것도 있었나? 진작 알았더라면 지난번 강의 제안을 받았을 때 할 수 있었을 텐데' 하고 무릎을 치지만 이미 버스는 지나가고 없다.

강사로서 남들과 차별화된 성공적인 스펙은 바로 잘 정리된 자신만의 저금통이다. 늘 곁에서 함께할 수 있는 나의 저금통, 성공의 저금통을 꼭 마련하고 항상 확인하기 바란다. 그 저금통 안에는 평소 내가 안부를 묻고 나의 근황을 알리기도 하는 인맥도 포함한다. 강사가 인맥 없이 성공하기는 쉽지 않다. 좋은 이미지로 사람들에게 다가가야 한다.

그다음에는 여러 가지 자료들을 주제별로 정리한다. 잘 정리된 자료는 곧 성공적인 강의를 준비할 수 있도록 도와주는 에너지원이다. 나는 자료를 정리하면서 항상 나만의 콘텐츠에 대해 고민하라고 당부한다. 고민을 해야만 모방과 창조로 나만의 콘텐츠를 만들 수 있다.

주제가 같다면 뻔한 내용을 강의할 수밖에 없다. 하지만 다르게 해야 살아남는다. 누구나 다 하는 뻔한 강의가 아닌, 오로지 나만의 목소리가 담긴 강의를 할 수 있어야 한다. 그렇게 청중 앞에 서기를 계속하라.

강사생활을 하면서 참으로 많은 인맥을 쌓았다. 아카데미 강사, 사내 강사, 아나운서, 리포터, MC, 여러 계통의 원장들, 협회 회장들, 임원들, 회원들, 사업장 대표들, 교수들 그리고 그 외 여러 수강생들과 기업 교육 관계자들, 기관 교육 담당자들까지 수없이 많은 사람들과의 관계 속에서 그들과 뜻을 같이해 프로그램도 추진하고 강의도 했다.

이웃으로 알고 지내고, 아픔을 겪을 때면 달려가 위로하며, 기쁜 일은 축하해 주는, 그런 믿고 의지하는 관계도 있고, 서로 좋은 정보만 교환하는 관계도 있다. 다시는 만나고 싶지 않은 이기주의자로 인간관계에서 빨간 줄을 그어 버린 사람도 있다.

가급적 좋은 관계를 형성해 나가야겠지만 내 뜻대로 되지 않는 경우도 있다. 이기주의자거나, 욕심을 부리거나, 거짓으로 사람을 대한다면 그 관계는 오래지 않아 깨지고 만다. 배려하고 진심으로 나누려는 마음으로 다가서야 참된 인맥을 형성할 수 있다.

강사생활 첫출발 때 쌓았던 인맥이 지금까지도 서로 밀어주고 당겨 주면서 '윈윈'하는 사이로 유지된다는 것은 정말 강사에게는 큰 재산이다. 사람들은 강사라면 모든 강의를 다 할 줄 안다고 생각해서 나의 주된 주제가 아닌 강의를 의뢰할 때도 있다. 그럴 때는 바로 내 옆에서 나와 같이 밀어주고 당겨 주는 강사에게 넘기기도 한다. 나를 믿고 강의를 의뢰한 곳에서는 내가 추천하는 강사도 믿기 때문이다. 이처럼 강사의 신뢰도는 늘 신경 써야 할 부분이다.

유능한 강사에게 신뢰감이란 그저 '좋은 사람'으로 느껴지는 것이 아니다. 반드시 다음의 다섯 가지 조건을 충족해야 가능하다.

(1) 단정해야 한다.
(2) 전문성(지식, 기술, 태도, 기법)을 갖춰야 한다.
(3) 인간관계가 좋아야 한다.
(4) 사명감(열정)이 투철해야 한다.

(5) 친절함을 갖추고 자신을 만들어 나가야 한다.

나는 강사다. 나는 외롭지 않은 강사다. 나를 아끼고 사랑하는 소중한 인맥이 많고, 내가 아끼고 사랑하는 사람들도 많다. 그래서 나는 늘 행복한 마음으로 강사의 기본 조건을 갖추기 위해 공부하고 연습하고 연구한다.

지침 19

감사합니다. 고맙습니다. 죄송합니다. 이해합니다. 충분합니다. 미소를 띤 긍정적인 말, 친절이 밴 좋은 말로 자신의 이미지를 메이킹하라. 그리고 좋은 사람을 볼 줄 아는 눈을 길러라. 좋은 만남이 좋은 운명을 결정한다. 이론보다는 실전에 강해야 한다. 실전은 곧 경험이다. 스스로 실천함으로써 강해진다. 지금 내 주변을 살펴보라. 그리고 내 안을 들여다보라. 당신의 성공의 저이라는 금통에는 무엇이 담겨 있는가?

CS가
뭔지도 몰랐던 나

일이 순조롭게 풀릴 때일수록 마음을 여미고 미래를 준비하지 않으면 뜻하지 않은

고통을 겪게 된다.

– 『채근담』

경상도에서 48년을 생활한 내가 인천으로 이사를 왔다. 이사를 오기 전에 아카데미 상담과정에서 처음으로 알게 된 CS 강의, 그리고 수강하게 된 교육과정. 그러나 강사 양성과정을 통해 많은 CS 관련 교과목의 이론을 듣고 수료를 한 후 느낀 것은 혼란스러움이었다.

'난 아니야. 이건 아니야. 나와 CS는 전혀 어울리지 않아.'

오히려 강의를 듣는 횟수가 늘어날수록 가슴은 먹먹해지고 머리는 복잡하기만 했다.

경상도 사람은 무뚝뚝하다는 평이 많다. 맞는 말이다. 나 또한 경상도에서 태어나 경상도에서만 생활했기에 뼛속까지 경상도민인지라, 여러 가지로 교육 내용들이 가슴에 와닿을 리 없었다. 불편했다. 일반적으로 CS라고 하면 고객을 만족시킨다는 이유로 나긋나긋하고 부드러워야만 한다는 고정관념을 가지고 있다. 무뚝뚝의 상징인 경상도 사람인 내가 CS 강의를 한다니 남의 옷을 입는 것만 같았다.

'이제 내가 생활할 곳은 경상도가 아니라 수도권이다'라며 머리로 강의를 하려면 충분히 할 수 있었다. 하지만 나는 머리가 아니라 가슴으로 강의를 하고 싶은 사람이었기에 CS라는 강의 주제가 멀게만 느껴졌다.

이런 나의 생각이 고정관념이고 선입견이라는, 즉 삐뚤어진 관점이라는 것을 느끼게 된 것은 1년 6개월이라는 시간이 흐르고 난 뒤부터였다. 그렇다고 해서 1년 6개월 동안 남의 옷이라는 생각으로 내버려 두거나 어느 한구석에 밀쳐놓은 것은 아니었다. 주변 강사들과 소통하면서 CS 과정 속 교과목에 대해 꾸준히 공부하고, 또 서로 소통하는 가운데 사례를 통해 불만 사항을 몸소 느껴 서비스 마인드를 몸에 배도록 했다. 감성서비스 마케팅이 무엇인지 머리가 아니라 가슴으로 서서히 느끼기 시작했던 것이다.

그리고 나니 나의 모습이 들여다보였다. 고정관념이나 선입견에 사로잡혀 있을 때의 모습이 아니었다. 이제는 경상도 사람과 CS 강의가 따로따로 움직이거나 더 이상 남의 옷을 빌려 입을 필요도 없었다. 이 모든 것은 포기하지 않고 끝까지 노력하는 길을 선택했기 때문이다. 그것을 통해 얻은 것이 바로 자신감과 당당함이다.

어느 날 웨딩홀 간부급 직원을 대상으로 한 CS 교육을 의뢰를 받았다. 나는 항상 준비되어 있었기에 설레는 마음으로 강의를 할 수 있었다. 역시나 준비된 자에게는 어김없이 러브콜이 오는 모양이었다. 강의를 마치자 상무님이 정말 재미있고 그동안의 CS 교육과는 달랐다며 칭찬을 해주셨다. 아울러 주말 오프닝으로 CS 교육을 두 달 동안 진행해서 직원 80여 명의 마인드를 변화시켜 달라고 부탁했다.

그 말씀에 얼마나 기뻤던지 모른다. 그분 앞에서는 커리어 우먼의 향기를 풍기며 여유 있게 OK 하고는 에스컬레이터를 타고 내려왔지만 입꼬리가 점점 걷잡을 수 없이 춤을 추며 귀 쪽으로 향했다. 기쁨을 감출 수 없어 화장실로 들어가 두 주먹 불끈 쥐고 소리 없는 아우성을 치며 얼마나 좋아했는지 지금도 감회가 새롭다. 경상도 강사로서 정말 잊을 수 없는 유쾌하고 통쾌한 CS 정복기였다고 할 수 있다.

그 뒤 나는 두 달 동안 웨딩홀에서 오프닝 강의를 진행했다. 어떻게 하면 직원들을 행복한 일터 속으로 빠져들게 할지를 고민하면서 매번 다른 말과 몸짓을 연구하며 한 주 한 주를 보냈고, PPT 없이 80명의 직원들과 행복한 소통을 했다.

특히나 하루의 일과를 시작하는 오프닝 강의이기에 그들이 지금 자신의 자리에서 행복과 즐거움을 느끼게 하기 위해 얼마나 고민했는지, 희망찬 메시지를 가슴에 담아 주려 얼마나 애썼는지 모른다. 글을 쓰는 이 순간 새록새록 추억이 다시 살아난다. 나 또한 이 추억으로 하루 일을 얼마나 즐겁게 할 수 있을지 기대된다.

이렇게 직원들의 가슴에 사랑과 행복, 일에 대한 즐거움을 심어 주기 위해 부지런히 연구하면서 나는 그들과 함께 얼마나 많은 성장을 했는지도 알게 되었다. 두 달 동안 주말에 여덟 번, 오프닝으로 파이팅을 외치며 함께한 끈끈한 정 때문에 마지막 날은 모두가 서운해하며 아쉬움을 달래기도 했다.

몇 년이 지난 지금도 그때 그 순간들을 생각하면 뿌듯함에 가슴이 충만해진다. 웨딩홀에서의 CS 강의는 나에게 많은 가르침과 놀라움을 안겨 주었다. 특히 PPT 없이 사람들과 소통한 것은 강의를 하는 나에게 앞으로 나아가는 용기와 당당함, 자신감을 심어주어 성장이라는 더 큰 그릇을 품게 해주었다.

지금도 내가 가진 그릇의 모양은 계속 변화하고 있다. 때로는 동그랗게, 때로는 네모로, 세모로 변화하면서 청중의 눈높이에 따라 저절로 변화하는 요술쟁이 같다.

강사는 안다. 내 그릇의 모양이 바뀌는 것을, 그때그때 변화하는 요술을 부린다는 것을. 나는 점점 소통하는 모습이 자연스러워지고 있다. 청중과 공감하는 참으로 편한 강사가 되어 가고 있다는 것을 나 자신은 이미 알고 있다.

지침 20

안 된다고 생각하지 말고, 끝까지 포기하지 않는 끈기를 가져라. 가는 길이 힘들면 잠시 쉬어 가면 된다. 쉬면서 다시 힘을 충전하면 되는 것이다. 속도가 중요한 것이 아니라 쉬지 않고 꾸준히 토닥이며 포기하지 않는 것이 중요하다. 포기하지 않으면 반드시 승자가 될 수 있다.

원장도 시작은
다르지 않았다

원장도 시작은 다르지 않았다. 달랐던 것은 열정이었다. 이기고 싶은가? 부러워하지만 말고 스스로 움직여야 한다. 준비하는 자만이 기회를 잡는다. 강사를 시작하면서부터 귀가 따갑도록 들어온 말들일 것이다. 하지만 귀가 따갑도록 이야기하지 않을 수가 없다. 초보 강사들의 입에서 나오는 정말 안타까운 말들이 무엇인지 아는가? 다음과 같은 말들이다.

"강의 한 번에 강사료 얼마 받아요?"

"저는 그런 강의는 안 해봤는데요. 그런 강의는 안 해요."

"직장인들 대상으로만 하는데…."

"제가 어떻게 아이들 앞에서 강의를…."

"노인 대상 강의는 안 해요."

적어도 강사라면 여러 가지 통합적인 지식과 기술과 태도를 가져야 한다. 청중이든 주제든 말이다. 모든 것은 본인의 생각에 달려 있다. 부지런히 정보를 찾아 헤매는 사람만이 통합적인 멀티플레이 강사가 될 수 있다. 노력하지 않고 마냥 부러워만 하는 사람은 생각도 행동도 모두 게으른 것이다.

나는 20대부터 사람을 가르치는 일을 해왔다. 궁금한 점도 많았다. 하지만 지방이라는 제약 때문에 정보를 직접 눈으로 확인하기란 쉽지 않았다. 호기심도 많고 모험심도 많고, 도전의식도 강한 나는 인터넷으로 많은 정보를 얻었다.

20대에 학원을 운영할 때만 해도 지금의 내 모습은 생각지도 않았다. 인천에서 이렇게 내 꿈을 이루어 가며 마이크와 함께 생활할 것이라고는 생각지도 못했다. 하지만 지금 나는 인천에서 '촌년' 소리 듣지 않고 당당하게 청중들과 소통하고 있다.

가만히 생각해 본다. 지금의 당당한 내 모습이 있기까지를. 과거 20대부터 꾸준히 배움에 대한 열정과 새로운 것에 대한 호기심, 도전이 바로 나를 이끈 것이었다. 내가 취득한 민간 자격증이 거실을 도배하고도 잔뜩 남는다.

20대부터 지금까지 배움의 열정을 이 민간 자격증의 수만 봐도 알수 있다. 100여 개나 되니 말이다. 아니, 더 많을지도 모르겠다. 오늘이 글을 쓰기 전까지도 온라인 학습을 했다. 열정 덕분에 참으로 여러 주제의 강의로 청중의 공감을 이끌어 내는 강사가 되었다.

강의를 준비할 때든, 누군가를 만나 대화를 할 때든 마찬가지다. 상대방의 눈높이에 맞춰 소통할 수 있어야 한다. 그들과 소통해서 공감을 이끌어 내야 한다. 언젠가 모 강사단체 회장이 전화로 나에게 충고를 했던 기억이 떠오른다. 여러 가지를 강의하면 무게가 없어 보인다는 것이 요지였다. 그러면서 한 가지 주제를 정해 그 한 가지만 강의하라고 했다.

그의 충고 전화는 지금까지도 좋지 않은 기억으로 남아 있다. 내가 어떤 삶을 어떤 태도로 살아왔는지도 모르면서 그런 말을 하다니, 적어도 충고라는 것은 상대방에 대해 진심으로 알고 있을 때 가능한 것이다. 나를 모르는 상태에서 그 말은 나의 마음을 단 1%도 울리지 못했다.

그러면서 본인의 강사단체를 어필하며 나에게 자기들 협회에 가입하라고 제의했다. 나는 그저 부드러운 목소리로 끝까지 응대했던 기억이 난다. 전화를 끊고 나서 나는 화가 나는 게 아니라 결심을 하게 되었다. 반드시 나를 인정하고 찾아오게끔 만들 것이라고 말이다.

열정만 식지 않으면 내가 원하는 목표를 반드시 이끌어 낸다. 지금 나는 어딜 가나 인기 있는 강사다. 인기의 비결은 바로 열정이다. 사람 냄새 나는 경상도 사투리. 경상도 사투리로 당당하게 정성을 다해 청중과 시선을 맞춘다. 어떤 강의든 어떤 청중을 만나든 나는 열정을 쏟아 낸다. 진심을 다해 청중과 소통하고자 모든 것을 쏟아 내는 열정을 청중은 알아차릴 수밖에 없다.

공부하지 않는 강사, 늘 하던 이야기만 늘어놓고 본인의 자료를 업그레이드하지 않는 간 큰 게으른 강사들을 종종 본다. 자유롭고 안락한 생활로 방심하다가는 도태되고 만다. 노력도 하지 않으면서 멀리 뛰려고만 한다.

"원장님은 다르시잖아요?"

강사 양성과정에서도, 신인 강사 코칭과정에서도 경력단절 여성들에게 꼭 듣는 말이다. 무언가 용기를 내고 새로운 것을 시작하려면 누구나 두려움을 느낄 것이다. 하지만 어떤 선택을 하느냐에 따라 삶은 180도 완전히 달라진다. 행복도 불행도 모두 자신으로부터 시작된다는 뜻이다. 그래서 원장인 나는 다른 그 무엇보다도 우선 목표를 세우고 그 목표를 향해 쉬지 않고 열정적으로 하나하나 이루어 가고 있는 것이다. 지금도 나는 나의 부족함을 채우기 위해 학습의 열정을 불태우고 있다.

지침 21

다른 사람들과 내가 다르다고 생각하지 말고 부지런히 움직여라. 목표를 세우고 열정을 가슴에 지펴라. 가슴에 열정이 식었을 때는 살아도 산 것이 아니다. 행복의 시작도, 불행의 시작도 나 자신으로부터 시작된다. 나는 지금 행복한가, 불행한가?

프로와 아마추어의 차이는
점차 줄어드는 PPT

피식 웃음이 난다. 이 웃음은 분명 내가 기특해서 나오는 것이다. 처음 강의를 시작하는 나에게 청중 앞에서 말하는 것보다 더 어려운 것은 파워포인트였다. 파워포인트를 사용해서 강의를 한다는 것은 결코 쉬운 일이 아니었다.

강의시 파워포인트를 한 장 한 장 넘길 때는 자연스럽고 매끄러운 연결이 필요하다. 초보 강사들에게는 이것이 정말 힘든 일이다. 한 시간짜리 강의를 준비할 때는 몇 장의 파워포인트 자료를 만들어야 하는지 감도 잘 잡히지 않는다. 리허설을 하고 끊임없이 연습을 해도 쉽게 감이 오지 않아서 자료를 터무니없이 많이 준비하는 경우가 다반사다.

처음 강의를 준비하면서 2시간짜리 강의안으로 91장의 파워포인트를 준비했던 기억이 난다. 얼마나 연습을 했던지 91장을 다 외워서 강의실에 갔던 기억이 생생하다. 그 당시 1장의 파워포인트로 10분씩 이야기를 이끌어 내는 강사를 보면서 부러워했었다. 그 대단함에 '나는 언제 저렇게 할 수 있을까?' 하는 부러움과 걱정에 휩싸였다. 그리고 '그런 날이 오기는 할까?' 하고 고민하며 우울해하고 잠도 못 잤다. 지금 와서 그때를 생각해보면 피식피식 웃음이 난다.

무엇이든 하루아침에 되는 것은 없다. 어쩌다 한 번 하는 것은 연습이 아니다. 연습도 반복과 노력이 필요하다. 연습을 연습이라고만 생각하면 크게 이득도 없다. 나를 변화시킬 수도 없다. 또한 나를 프로의 세계로 당당하게 데려갈 수도 없다.

연습이 곧 실전임을 명심하고 언제나 실전 같은 연습을 해야 한다. 끊임없는 반복과 노력을 해야만 프로가 된다. 스스로 최선을 다해 노력하지 않는다면 영원히 아마추어의 세상에서 남이 버린 것들을 주워먹으며 3류로 인생을 살아갈 것이다.

강사에게 아마추어와 프로의 차이를 들라면 'PPT의 수'라고 말할 수 있다. 이 글을 읽고 있는 당신이 강사라면, 열정이 넘치는 강사라면 어느 날 강의안을 준비하면서 하나둘씩 PPT가 줄어드는 것을 느낄 수 있을 것이다. 그렇게 PPT가 줄고 있다면 당신을 쓰다듬어 주기 바란다. 잘하고 있다는 증거이기 때문이다.

줄어드는 PPT를 직접 보고 느끼는 그 감동, 그 기쁨, 그 희열, 그 짜릿함은 노력하지 않는 사람은 절대로 느낄 수 없는 정말 강렬하고 멋진 기분을 준다. 이렇게 줄어드는 PPT와 함께 오는 것이 바로 자신감이고, 당당함이다.

어떤 자리에서 무슨 일을 하든 아마추어와 프로는 반드시 존재한다. 스스로의 생각과 행동으로 당신 인생에서 어설픈 아마추어가 아닌 당당한 프로가 되기 바란다. 인생에서 프로가 되면 여유를 느낄 수 있다. 세상을 바로 볼 줄 아는 지혜가 생기고 인생의 참맛을 느낄 것이다. 내가 하는 모든 일에서 프로가 되기 위해 나는 오늘도 노력하고, 많은 사람과 소통한다.

지침 22

프로와 아마추어는 무엇이 다를까? 프로는 무엇에 강할까? 프로는 바로 '밀당'에 강하다. 그리고 자신뿐만 아니라 타인에게 인정을 받는다. 언제 어디서든 프로가 되자.

9

웅변대회로
다시 꿈틀꿈틀

나는 초등학교 5학년 때 담임선생님의 손에 이끌려 웅변을 시작했다. 그때만 해도 교내 웅변대회는 빼놓을 수 없는 학교 행사였다. 웅변대회에서 입상했을 때 트로피와 함께 주는 부상은 나에게 굉장한 관심사였다. 그 당시 부상은 벽시계, 1인 반상 그릇, 고급 수저 세트, 한글사전, 영어사전, 옥편, 앨범, 손목시계 등이었다.

내 고향 집에는 30년 넘게 벽시계가 걸려 있었다. 큰 추를 흔들며 바늘이 12시를 가리킬 때면 어김없이 '댕댕'하며 열두 번의 종소리를 들려주었다. 어머니가 계신 시골 친정 찬장에는 지금도 '상'이란 도장이 콱 박혀 있는 밥그릇과 국그릇 세트가 있다.

정통 웅변 세대인 나는 초등학교 5학년 때부터 어떻게 보면 지금까지 웅변의 끈을 놓지 못하고 있다. 아니, 절대 놓을 수 없는 끈이자 운명이라고 생각한다. 나는 중학교, 고등학교, 대학교 시절까지 웅변 무대에 섰었다. 그리고 사회에 나와서까지 웅변은 줄곧 나와 함께했다. 결혼을 해서는 웅변학원을 운영했다. 내 인생에서 웅변이란 지금의 나를 이 자리에 설 수 있게 해준 버팀목이었다.

세상이 변화하고 웅변도 사라져 가기 시작했다. 웅변대회도 서서히 줄었다. 나 또한 웅변학원을 그만두고 새로운 과목의 학원으로 세상의 이치에 따라 변화되었다. 웅변을 접하지 않은 지 10여 년이 흘렀고, 나는 인천으로 둥지를 옮겨 웅변과는 더 멀어진 생활을 하고 있다. 가끔, 지금은 안타깝다는 말로 추억으로만 달래고 있었다.

웅변대회가 옛날처럼 성황리에 개최되지도 않을뿐더러 이렇게 웅변이라는 단어조차 듣기 힘들어진 세상인데, 우연히 서울에서 웅변대회가 있다는 정보를 얻었다. 웅변대회라는 말만 들어도 가슴이 뛰고 무작정 행복한 마음이 일었다. 울컥울컥 옛 생각에 그리움도 커졌다. 웅변대회에 가보고 싶었다.

마침 강사 양성과정에서 수강 중인 한 선생님이 참가 의사를 보였다. 너무 반가워서 원고 준비와 연습을 도와주었다. 그리고 한참 자존감이 떨어져 있던 딸아이에게 웅변대회 참가를 권유했다. 딸아이는 유치부 때부터 내가 웅변을 가르쳐 중학교 때까지 각종 큰 대회에 나가 대상도 여러 번 탔던 실력자였다.

물론 딸아이도 웅변을 잊은 지 10년이 넘은 상황이었다. 왠지 모르게 자존감이 떨어져 있는 딸아이에게 다시 세상을 향해 일어설 용기를 갖게 해주고 싶었다. 처음에는 싫다던 딸아이가 나의 설득으로 생각을 바꾸었다.

원고를 직접 쓰고 외우며 연습하는 모습에 나도 딸아이도 행복에 젖어 계속 웃었던 기억이 난다. 연습할 시간이 2주일밖에 없었던 터라 참가하는 데 의의를 두자며 욕심을 버렸다. 우리는 웅변 무대에 서는 것만으로도 행복했다. 옛날의 당당한 모습으로 돌아갈 수 있도록 용기를 낼 계기가 되기만을 간절히 바랐다.

그런데 웅변이 사라지고 있는 요즘, 정통 웅변을 하는 사람들 또한 수가 줄다 보니 교사나 연사들의 수준이 옛날과는 너무 큰 차이가 났다. 유치부부터 대학 일반부까지 65명의 연사가 참가했는데, 기본부터 어설픈 경우가 대다수였다.

희미해져 가는 웅변의 현실에 그저 안타깝고 서글퍼지기까지 했다. 딸아이의 순서가 거의 마지막이었다. 가슴이 뻥 뚫리는 듯한 시원함에 방청객들의 환호성과 큰 박수가 터져 나왔다. 역시 정통 웅변을 한 사람은 딸아이뿐이었고, 그날의 전체 대상을 수상해 국민안전처장관상을 받았다.

심사위원의 극찬도 이어졌다. 웅변을 아끼고 지독하게 사랑하는 나는 그날 얼마나 가슴이 벅찼는지 모른다. 가슴속에서 강렬하게 뭔가가 꿈틀꿈틀 밀려옴을 느꼈다. 나에게 또다시 웅변에 대한 열정이 피어나고 있었다. 딸아이도 분명 용기가 환하게 샘솟고 있는 것 같았다. 지도교사가 누구냐고 다들 목소리를 높여 물었다.

그날 그 대회를 계기로 나는 사단법인 한국웅변문화교류협회 인천지부의 부회장이 되었다. 그리고 국제친선말하기대회 마닐라 편에 심사위원으로 초청되어 잊지 못할 또 다른 멋진 추억을 만들 수 있었다.

사람은 하루에 몇 가지 생각을 할까? 답은 '오만 가지'다. 그런데 그 오만 가지 생각 중에서 쓸데없는 생각이 96%이고, 그중 부정적인 생각이 86%라고 한다. 우리가 정말로 생각하고 고민해야 할 생각은 4%라는 말이다. 부정적인 생각이 나를 용기 없게 만들고, 나의 자존감을 떨어뜨린다. 또한 게으르게 만들고 불행하다고 생각하게 한다.

아무런 걱정이나 어려운 문제가 없다면 인생이 얼마나 즐겁고 신날까? 이런 인생은 그저 환상일 뿐이다. 우리 딸아이가 용기를 내서 웅변대회에 참가하고 자존감을 얻었듯이 현실과 제대로 한번 멋지게 맞장 뜨는 용기를 갖자. 현재 나에게 주어진 문제가 무엇인지를 정확하게 간파해서 그 문제를 해결하거나 바꿀 수 있는 방법을 강구해야 한다.

세상에 풀지 못하는 문제는 없다. 우리 삶은 매사가 사건의 연속이다. 하지만 그 사건을 본인이 어떤 태도로 받아들이느냐에 따라 그 결과는 다르게 나타난다. 우리 모두 긍정의 생각 공장을 마음속에 세우자.

지침 23
자신만의 미소 코드를 찾아라. 어렵고 힘든 상황에서 생각하는 것만으로도 나를 미소 짓게 만드는 그 무언가가 있을 것이다. 지치고 힘든 나에게 용기를 줄 수 있는 자신만의 그것! 미소 코드는 어려움을 충분히 극복해 나갈 힘을 줄 것이다.

소중한 인연,
수강생에서 강사로

과거 나는 교육법인 인천아바서비스커리어센터의 원장이었다. 실업자 및 재직자 국비훈련기관이라 원장의 하루는 매일매일이 바빴다.

CS 강사 양성과정 1기 개강! 나에게는 잊지 못할 국비훈련기관에서의 첫 교육과정 1기생들이었다. 강남에 있는 아바서비스커리어센터에서 강사 양성과정을 수강한 것이 인연이 되어, 프랜차이즈로 인천에서 평생교육원을 오픈하게 되었는데, 강남 아바의 수강생 시절은 나에게 잊을 수 없는 시간들이었다. CS 강사 양성과정 수강 시절, 교육과정 중 1차 모의시강 후 시골뜨기인 나에게 할 수 있다는 자신감을 준 곳이라서 그 감사함에 더욱 잊을 수 없다.

그 당시 시골에서 40년 넘게 생활한 나에게는 큰 걱정거리가 있었다. 생각만 해도 움츠러드는 고민이 있었다. 앞서 여러 번 언급했듯이 그것은 바로 사투리였다. 그러나 그 고민과 걱정거리는 나 혼자만의 우려였다. 그것을 깨닫기까지는 그렇게 긴 시간이 걸리지 않았다. 강남 아바는 강사로서의 용기를 준 곳이기도 했다. 그곳에서 나는 최고의 동기부여를 받았다. 가슴 깊이 느낀 그 감사함을 잊지 않고 기억해, 나를 찾아와 고민을 토로하는 이들에게 그때의 감정과 느낌을 전달하고자 노력했다.

120시간의 강사 양성과정에서는 수강생이 총 세 번의 모의시강을 한다. 강사로서의 역량을 평가하는 실습 테스트라고 생각하면 좋을 것이다. 각각의 모의시강마다 동영상 촬영을 한 후 담당 강사가 피드백을 준다. 세 번 모두 각각 다른 강사들이 수강생의 강의를 듣고 평가를 한다. 강사마다 생각하고 느끼는 것이 다르다. 담당 강사의 주관적인 생각도 많이 반영되는 데다 진정성 있고 혹독한 피드백을 주는 형식으로 진행되는 아주 떨리는 시간이다. 그런데 나의 시범강의를 본 강사들은 하나같이 피드백 첫마디가 같았다.

"열정적인 강의, 정말 잘 들었습니다."

"사투리 고치려고 하지 마세요. 선생님만의 묘한 매력에 저절로 빠지게 되더라고요."

"이 무대가 좁지 않으셨어요? 선생님의 열정이 느껴졌어요."

이런 피드백들이 나에게 굉장한 자신감으로 돌아왔다. 처음에는 그저 용기를 주려고 하는 소리인가 싶었다. 하지만 세 사람 모두 약속이나 한 듯 그럴 순 없었을 것이다. 참으로 감사하다. 그 자체가 '배움'이었다.

이렇게 강사 양성과정이 끝나고 CS 강사 자격증을 취득했지만 가슴 속에 뭔가 꽉 차지 않는 부족함과 모자람은 나를 굉장히 힘들게 했다. 머리로 강의를 하고 싶지 않았다. 가슴으로 강의를 하고 싶은 마음이 절실했다. 강사로서 가슴과 머리에서 혼돈이 일기 시작했다.

이런 혼돈 속에서 서울과 인천을 오가며 1년 정도 강의의 홍수 속에서 살았다. 무료 강의를 비롯해 저렴한 유료 강의도 듣고, 다소 비싼 것도 들으며 나만의 콘텐츠를 찾으려 애썼다. 당시 나는 수업과 강의의 경계선에서 혼동하고 있었다. 내가 20여 년 동안 해온 것은 강의가 아니라 교재로 진행한 수업이었던 것이다.

다시 또 말하지만 강사로서 기본인 PPT로 강의안을 만드는 법도 몰랐던 터였다. 그러나 모른다고 가만히 있을 내가 아니었다. 창조는 모방에서부터 시작된다고 했던가. 그렇게 나는 모방에서부터 시작했다. 지금도 파워포인트를 어려워하는 이른바 '쉰세대' 초보 강사에게 내 경험을 들려주며 모방에서 시작하게끔 나는 도우미를 자처하곤 한다. 나도 경험했었고, 그 어려움을 충분히 알기에, 그들의 마음에 진심으로 공감하기에, 주저하지 않는다.

내가 잊지 못하는 제1기 CS 강사 양성과정 수강생 중에도 늦깎이 교육생이 있었다. 파워포인를 못하는 것이 힘들어서 포기하려고 했다. 과거 나의 모습이 생각나 그의 손을 꼭 잡아 주었다. 나는 보강 수업을 자처해 하나하나 가르쳐 주었다.

내 PPT 자료를 모방하는 데서 지도를 시작했다. 그리고 과정을 마칠 때쯤 능수능란하지는 않았지만 포기라는 단어는 멀리 날려 버릴 수 있었다. 용기라는 환한 미소가 발그레 피어오르는 행복도 함께 느낄 수 있었다.

3년의 세월이 흐른 지금 그는 현재 나와 같이 강의를 하고 있다. 그뿐 아니라 국비훈련과정 1기생은 모두 가족처럼 만나고 있다. 지금도 꾸준히 함께 같은 방향을 향해 속도를 맞추며 걸어가고 있다. 수강생에서 지금은 함께 수강생을 지도하는 강사로 차근차근히 때로는 파워풀하게 함께 걸어가고 있다.

외부 강의를 마치고 맛있는 식사도 함께 하곤 한다. 우리는 그럴 때마다 꼭 하는 말이 있다. 이렇게 열정적으로 강의를 마친 후 함께 밥 먹고 차 마시는 것이 정말 행복하고 좋다고 말이다. 지금 당신은 함께 밥을 먹고 차를 마시며 행복을 나눌 이가 옆에 있는가?

지침 24

세상은 혼자서 살아갈 수 없다. 혼자는 외롭다. 사람의 정이 그리운 외로움은 나를 점점 더 나약하게 만들 뿐 기쁨을 안겨 주지 못한다. 손에 손잡고 더불어 함께 살아가야 즐겁다. 내가 먼저 용기를 내보면 어떨까?

4장

올 댓 강사,
올 댓 강의

올 댓 강사, 올 댓 강의

난 사람 냄새 나는 강사다

지인인 강사들과 만나면 즐겨 하는 말이 있다.

"사람 냄새 나는 강사가 돼야지."

아마도 많은 사람이 공감하는 이야기일 것이다. 강사 세계에서 밥을 먹은 지가 제법 되었다. 세월만큼 참으로 많은 강사를 만나고 명함을 주고받았다. 한 달에만도 수없이 많은 강사가 배출된다. 그러다 보니 백인백색 강사들과 모임을 가질 때도 있다.

그런데 시골뜨기한테는 물씬 묻어나는 사람 냄새를 수도권에서는 느끼기가 어려웠다. 눈앞에 보이는 이익에 굉장히 민감했다. 사람 냄새가 그리워지기 시작했다. 거짓으로가 아닌 진실성이 그리웠다.

의리! 강사도 의리가 있어야 한다. 여러 가지 상황이 나쁜데도 힘든 강의를 함께 의논하며 오히려 즐거움을 나누는 강사가 있다. 반면에 눈앞의 이익을 좇기 위해 남의 뒤통수를 치는 일도 많이 보았다. 꾸밈이 아닌 진실로 터놓고 이야기할 수 있는 친구가 세 명만 있어도 그 사람은 성공적인 인생을 살았다고 하지 않던가. 가만히 한번 생각해 보자. 지금 당신에게는 고민을 함께 들어 줄 친구가 몇 명이나 되는가?

사람 냄새 나는 사람은 헤어지면 다시 만나고 싶어진다. 수많은 인연을 맺고 살아가는 인생 속에서 다시는 보고 싶지 않을 정도로 미운 사람도 있다. 당신은 어떤 사람으로 남고 싶은가? 반기는 사람, 사랑받는 사람으로 남고 싶다면 먼저 자신을 되돌아봐야 할 것이다. 타인에게 어떤 사람이 되고 싶은지는 본인이 만들어 가는 것이다.

진솔하고 정겨운 마음으로 상대방을 대한다면 분명 좋은 사람으로 인정받을 것이다. 그 인정을 받는 사람이 바로 사람 냄새가 철철 나는 사람이 아닐까? 나는 타인에게 어떤 사람일까?

책 출간으로
브랜드를 만들어라

　많은 사람이 자신만의 이야기를 담은 책을 내고 싶을 것이다. 하는 일에 따라 조금은 다르겠지만 특히 강사라는 직업을 가졌다면 꿈으로 자리 잡고 있을 것이다. 나 또한 강사이기에 작가이고 싶었다. 결코 쉽지 않은 일이기에 다들 꿈이라고도 하고, 희망 사항이라고도 하고, 먼 목표라고도 한다.

　그럴 경우 나는 먼저 공저를 해보라고 추천하고 싶다. 어려운 일을 처음부터 혼자 하려고 하면 힘이 빠져서 오히려 실패할 수 있다. 물론 실패 없는 성공이란 있을 수 없지만 여럿이 함께 가면 힘이 난다. 생각을 같이하는 사람들과 어울려 시작해 보는 것도 좋은 경험이 될 수 있다. 나도 교육법인의 평생교육원 원장으로 활동 중일 때 집필에 대한 고민이 있었다.

그러다 우연히 운명처럼 공저의 기회가 찾아왔고, 혼자 가기는 어렵다고 생각한 나는 '함께'라는 기회를 선택했다. 책이 나오자 처음에는 마냥 좋았다. 입가에 미소가 절로 번졌다. 그런데 시간이 흐른 어느 날 문득 그 책 속 한구석에 자리한 나 자신이 초라하게 느껴졌다. 내가 원하는 정도의 수준이 아니었기에 어느 순간 실망스러웠다.

처음에는 분명 기뻤는데 그때부터 부끄럽다는 생각이 나를 지배했다. 온전히 나만의 단독 저서가 아닌 것이 부끄러움으로 자리하기 시작했다. 그래서 다시는 공저는 않겠노라고 혼자 결심도 했다. 공저를 하더라도 두세 명이어야 한다고 스스로에게 다짐도 했다.

나는 오랜 숙제같이 느껴졌던 집필을 결심하고 나만의 이야기를 세상에 알리고자 실행에 옮기기 시작했다. 단독 출간을 향해 밤을 새면서 글을 써 내려갔다. 뭔가 되어 가는 듯한 모양새에 나는 모든 기운을 쏟았다. 힘들어서 입도 헐고, 몸살도 앓고, 병원에 가서 링거 주사도 맞았다. 그러나 초고도 완성하지 못하고 결국 혼자 나가떨어져 방바닥에 다운되고 말았다.

정신과 육체가 지치고 나서야 깨달았다. 책을 쓴다는 것은 쉬운 일이 아니었다. 그저 의욕만 앞서서 불도저같이 밀고 나가려는 나를 보았다. 나가떨어져 한참을 헤매고 그 속에서 나오지 못하고 있는 나를 보았다.

몇 달이 지난 후에야 깨달았다. 이런 집필의 고통을 직접 맛보고서야 공저가 부끄러운 일이 아니었다는 것을. 단독 집필도, 공저도 모두가 대단한 노력의 산물이며 하나하나 차근히 밟아 나가는 순서라는 것을.

그러자 감사한 마음이 들었다. 나의 욕심과 욕망을 들여다볼 수 있었고, 버릴 수 있었다. 순전히 내 욕심이 커서 공저를 부끄럽게 생각한 나 자신이 오히려 더 부끄럽게 느껴졌다. 그러다가 또 한 번의 공저 기회를 만났다. 『스타 강사들의 2018년 대중강의』라는 제목으로 기획된 공동 집필 작업이었다. 그 기회를 통해 다시 글을 쓸 자신감을 찾았다.

작년에 집필을 시작해 잠시 멈추었다가 올해 다시 써나가고 있다. 또 한 권의 공저가 탄생함을 보고 욕심 없이 나의 이야기를 작년에 이어 계속해서 쓸 수 있게 된 것이다. 이 글을 쓰고 있는 지금 이 순간 나는 정말 평온하다. 내가 겪었던 여러 가지 경험들을 이야기할 수 있어서 감사하다.

올해 나는 우리 한국교육컨설팅의 사람 냄새 진하게 나는 강사들과 목표를 하나 정했다. 2018년 우리의 목표는 바로 '공저'다. 사랑하는 우리 강사들이 각자의 색깔을 표현해 함께 공동의 책을 엮는 과정을 통해 '하나 됨'을 알아 갈 것이라는 행복을 기대하며 박수로 파이팅을 외친다. 하나 되는 우리의 목표 '공저' 파이팅이다!

나도 노인복지센터에서는
아이돌이야

경기도 이천에 있는 특수부대로 강의를 갔을 때의 일이다. 2시간의 강의를 준비해서 설레는 마음으로 부대에 들어섰다. 초소에서 방문객 서류 작성을 마치고 시간이 남아 군의관님의 인솔로 의무실에서 잠시 대기 하고 있었다. 그런데 따뜻한 차와 함께 군의관님이 죄송하다는 뜻을 전해 왔다. 이유인즉, 오늘 연예인이 방문하는데 여자 아이돌 가수가 온다는 것이었다.

2시간 예정인 강의를 1시간으로 줄여서 해달라는 부탁에 나는 머릿속이 바빠졌다. 2시간짜리 강의안을 재빨리 1시간용으로 줄였다. 아이돌 가수가 온다고 해서 그런지 강의 시간 내내 장병들의 얼굴이

싱글벙글했다.

"여러분, 아이돌이 온다고 지금 싱글벙글 아주 기분이 좋으신 거죠? 아이돌에게 밀려 강의 시간을 반으로 줄이게 된 건 처음이네요. 이거 왜 이러세요! 나도 노인복지센터에 가면 아이돌이에요."

"하하하."

그렇게 해서 강의는 완벽하게 마무리되었다. 성공적인 강의는 청중과 눈높이를 맞추는 데 있다. 청중 분석을 잘해야 한다는 뜻이다. 어디서든, 누구 앞에서든 상대를 잘 파악하고 시작한다면 두려울 것이 없다. 유쾌, 상쾌, 통쾌한 소통으로 성공을 이끌어 낼 수 있을 것이다. 내가 노인복지센터에서 아이돌이 되는 것처럼 말이다.

눈 가리고 하는 아웅에
흔들리지 마라

현대는 자기 PR 시대다. 자신이 무엇을 잘하고, 무엇을 좋아하는 지를 이야기해야 서로를 알고 배려할 수 있다. 속으로 배려해 주기만을 바라다가 오해가 쌓이고 서운해하는 일을 겪기 쉽다.

강사생활을 하다 보면 여러 형태의 협회에 가입하게 된다. 특정 모임들도 많다. 밴드도 수없이 가입한다. 그러면서 좋은 사람도 만나고, 과한 광고에 흔들리기도 하며, 사람 때문에 상처를 받기도 한다. 또는 수많은 강의 시장, 강사 양성교육의 홍수에 빠져들기도 한다.

해마다 배출되는 강사는 넘치고 막상 강의할 곳은 없다 보니 심정은 충분히 이해한다. 그런데 지푸라기라도 잡고 싶은 심정으로 여기저기 기웃거리는 영세 강사들의 피를 빨아먹는 교육과정도 있다는 것을 명심하고 주의하기 바란다.

자기네 교육과정을 들으면 100% 강사 자리를 주겠다고 영업하는 교육 업체도 있다. 100%라는 건 없다. 그런 식으로 수강생을 모집하는 곳의 이야기를 그대로 믿는다면 어리석은 판단이다. 수강생의 강의 능력도 모르는 상황에서 100%라는 것은 거짓일 수밖에 없다.

누구보다도 자기 자신이 본인의 능력을 잘 알고 있을 것이다. 정신 똑바로 차리지 않으면 안 된다. 스스로 중심을 잡지 않으면 정신없이 교육만 받다가 돈만 날리고 결국 스스로 마음을 닫아 버리는 경우가 생긴다. 강사로서 청중 앞에 서기 전에 지친다는 것이다. 강사라는 직업을 화려하고 멋있다고만 생각하면 쉽게 포기하게 되고 빨리 지친다.

항상 공부하고 반복해서 연습하고 끊임없이 새로운 것을 연구해서 나만의 콘텐츠를 만들어 내는 직업이 바로 강사다. 한 번 강의를 갔다가 그것으로 끝나 버리는 일회성 강사가 되지 않으려면 정보 사냥에 부지런하고 바빠야 한다.

주변의 곳곳에서는 다양한 교육이 이루어지고 있다. 그중에서 대학교 내 부설 기관인 평생교육원에 대해 겪은 일을 이야기하려고 한다. 강사들이 대학교 내 부설 기관인 평생교육원에서 강의하는 것이 쉬운 일이 아님을 알기에 유혹에 몹시 흔들리기도 한다.

그런 기회를 잡고자 하는 강사들의 절실한 마음을 악용하는 소위 교수라는 탈을 쓴 강사들을 나는 보았다. 다단계식이라 해도 틀리지 않을 것이다. 물론 정말 진심을 다해 도우며 함께 뛰는 교수도 많다. 절실함이 클수록 열린 눈과 열린 귀가 필요한 이유다.

"이번 강좌에 수강생을 데리고 오면 진행교수 자리를 주겠다."

나도 그런 감언이설을 늘어놓는 강사를 만난 적이 있다. 남들에게는 본인을 주임교수라고 소개했다. 대학교 내 부설 기관에서는 성인들을 가르치는 강사이기에 교수라고 불리는 것에는 크게 반박하지 않는다.

문제는, 강사의 기본을 상실한 채 진행교수, 지도교수로 불리기위해 무작정 매달리기 식의 수강생 유치에 이리저리 흔들리는 강사를 주변에서 쉽게 볼 수 있다는 것이다. 소위 선배라 불리는, 먼저 강사 세계에 몸담은 자가 그렇게 후배를 인도하는 것을 보고 정말 당황스러웠다. 어이가 없었다. 충실해야 할 교육과정은 일관성이 없어질 수밖에 없다.

이런 과정들을 1년 넘게 지켜보면서 똑똑히 알았다. 이렇게 강사들의 마음을 이용해 그들을 잡고 흔드는 소위 갑질 행세가 있어서는 안 된다는 것을. 그리고 나는 절대 그러지 말자고 생각했다. 대학교 부설 평생교육원 교육과정에서 이용되는 다단계식 교수 타이틀이라는 생각이 들었다.

이런 기본이 덜된 사람들 때문에 오히려 열심히 하는 선한 사람들도 오해를 사고 눈총을 받는다. 수강생은 그저 강의교수 자리를 위한 증거물에 지나지 않으며, 수강생 유치가 곧 강의 실력으로 평가되고 교육과정도 그때그때 달라지고 있음을 알게 되었다.

하지만 반드시 알아야 할 것이 있다. 자신의 역할과 사명이 먼저라는 것이다. 또한 강사 경력으로 인정이 안 된다는 사실이다. 강사로서 경력을 인정받는다는 것은 강사 등급에 영향을 미치기도 한다. 또한 강사 등급은 강사료와도 연관이 있다.

이렇게 해서 강의교수로 둔갑해 팀티칭 형식으로 진행한 강의 경력은 기관에서 대학교 부설 평생교육원 강의교수로 인정받지 못한다는 사실을 명심해야 한다. 경력을 인정받는다고 잘못 알고 있는 강사들이 있기 때문에 언급하는 것이다. 그저 프로필 강의 경력에 한 줄 채워질 뿐이다. 누구를 탓해야 할까? 스스로의 책임에 한 표를 던진다.

잘되면 자신 탓, 못되면 남 탓이라는 말처럼 인간은 대개 내 탓보다는 남의 탓이라고 떠넘기는 것에 더 익숙하다. 적어도 강사라 함은 나의 어리석음에 쫑긋해야 한다. 현명한 강사라면 남들에게 비치는 겉모습보다는 진실성이 온몸 곳곳에 녹아들게 하는 것이 먼저일 것이다.

'준비된 자에게 러브콜을 보낸다'라는 문구를 많이 보았을 것이다. 그렇다. 꾸준히 준비하고 노력하고 연습하면서 나를 당당하게 알려야 한다. 기회의 신은 매일매일 나를 찾아온다고 한다. 다만 내가 준비되지 않아서 그 기회를 붙잡지 못하고 있지는 않은지 돌아보기 바란다.

나는 연습 벌레다. 경상도 촌뜨기라는 이력이 나를 연습 벌레로 만들었다. 자신감과 당당함은 얼마만큼 노력하고 연습했는지와 비례한다. 그래서 나는 어디서나 당당함과 자신감을 갖고 오는 기회를 설레는 마음으로 힘껏 잡아챈다.

나도 대중 앞에 서면 당연히 떨린다. 그러나 그 떨림이 나는 좋다. 그래서 나는 행복하고 설렌다. 떨려서 공포를 느낀다면 그것은 충분히 연습하지 않은 것이다.

현명한 사람은 안다. 눈 가리고 아웅 하는 자들의 속셈을. 어느 날 메일이 왔다. 아니, 그날뿐 아니라 여러 번 받았다. 스피치 강의 분야의 명강사 10인에 선정되었다는 메일, CS 분야에 명강사로 선정

되었다는 메일, 각 기관에서 대상에 선정되었다는 메일 등을 무수히 받았다.

처음 이런 메일을 받았을 때는 온몸에서 전율이 일었다. 흥분되어 몸이 뜨거워졌다. 실체를 알고 나니 온몸에서 힘이 빠졌다. 흔들리지 말자. 돈 주고 받는 상이더라. 열심히 뛰고 나를 알리니 연말이나 연초에 잡지사 기자의 전화도 많이 받는다. 이것에도 흔들리지 말자. 내가 정보를 주는데 왜 돈을 내야 하는가! 오히려 대우를 받아야 하지 않는가!

나도 많지는 않지만 언론매체(KBS, 이슈메이커, 위클리피플, 시사매거진)의 주인공이 되기도 했었다. 잡지사나 신문사 취재기자의 전화에 이제 나는 이렇게 응대한다.

"저 돈 없어요."

그러면서 나도 기자도 크게 웃는다.

경험에 비추어 보면, 속을 감추고 보이는 것에만 신경 쓰는 거짓된 사람은 금방 속내를 들키고 만다. 진정성을 가지고 자신의 콘텐츠 개발을 게을리하지 않고 주어진 강의마다 열정적으로 최선을 다할 때 청중은 절대로 인색하지 않았다. 나를 향해 환한 미소를 짓고 고개를 끄덕끄덕 공감하더라. 그리하여 나의 모습에서도 그들로 인해 빛이 나더라.

모 골프 회사의 현직 CS 강사를 교육한 적이 있다. 교육을 마치고 가는데 보내온 문자가 나를 감동시켰다.

"포인트 교육, 정말 감사합니다. 항상 빛이 나는 분 같아요. 긍정적인 생각, 밝은 미소, 다시금 열정을 살리는 데 동기부여가 됐습니다."

이런 감동은 나를 또 열정적으로 노력하게 만든다.

자신감과 당당함은 다른 사람이 가져다주는 것이 아니라 자신이 만드는 것이다. 당신 주위가 환하게 빛이 날지 캄캄한 어둠이 깔릴지는 당신 자신에게 달려 있다.

강사도 트렌드를 알아야 달인이 된다

강의를 의뢰하는 담당자가 빼놓지 않고 하는 얘기가 있다.

"너무 무겁지 않게, 재미있게 해주세요."

어떤 주제의 강의라도 '재미있게'는 빠지지 않는 부탁이다.

웅변을 하고 각종 국회의원 선거와 지방선거 연설원으로 오랜 시간을 보낸 나에게 재미라고는 정말 눈 씻고 찾아봐도 없었다. 완전 사각형이라고 표현하는 게 딱 맞다. 노래방에 가서 노래 부르는 것도 익숙지 않던 나였다.

이상하게 연설 외에는 마이크 잡고 하는 모든 것이 쑥스럽고 어색해서 큰 고민이 아닐 수 없었다. 강의를 하면서도 늘 사각형 같은 딱딱함을 느꼈다. 어떻게 하면 극복할 수 있을까 고민스러웠다.

노래방에서 노래 부르는 것도 자연스럽지 못했던 내가 선택한 것은 웃음, 레크리에이션, 노래를 교육하는 교육원에 찾아가는 것이었다. 두려움 속에 이틀간 진행되는 교육에 참가했다. 아니나 다를까 첫날 오전 내내 몸도 마음도 프로그램을 따라가지 못했다.

용기가 필요했다. 한 번도 망가져 본 적이 없던 나를 바꿔야 했다. 변화를 시도했지만 이내 제자리로 돌아오기 일쑤였다. 함께 간 동생의 응원에 힘껏 용기를 내기 시작했다. 망가지는 스텝이 내 몸 속의 생각들을 걷어 내기 시작했다. 웃고, 더 크게 웃고, 노래 부르고, 온 힘을 다해 게임도 하면서 서서히 변화와 함께 자연스러워지는 느낌이 들었다.

세상에 태어나 처음으로 포복절도하듯 웃음을 토해 냈다. 망가지는 리듬이 점점 자연스러워지면서 변화하는 나를 발견했다. 얼마나 기뻤는지 모른다. 나는 그때 배우고 느꼈던 감정의 떨림을 내가 지금 하는 파워 스피치 강의 부분에 접목했다.

딱딱하던 강의가 웃음으로 부드러워지기 시작했다. 한 번, 두 번, 세 번, 시도할 때마다 어색함을 느꼈지만 용기를 내서 거침없이 쭉쭉 이어 갔다. 세 번을 이겨 내니 정말 거짓말처럼 내 몸에 딱 맞는 옷으로 바뀌기 시작했다.

나는 개인 코칭을 잘한다. '코칭의 달인'이라고 감히 자부한다. 개인 코칭을 하는 과정이나 과목은 참으로 다양하다. 말 그대로 개인마다 다른 문제점을 안고 찾아온다. 문제점을 안고 찾아온 사람들은 나를 만나고 돌아갈 때면 표정이 달라진다. 그것은 지난 26년여 동안 내가 걸어 온 교육의 길이 선사해 준 소중한 경험의 힘이다.

이 소중한 경험은 나를 코칭의 달인으로 만들었다. 나는 사람을 만나 이야기를 하면서 간지러운 부분을 긁어 준다. 사내 강사로서 직원들 교육에 한계를 느낀다며 자신을 업그레이드하고 싶다는 사람, 부정확한 발음을 고치고 싶다는 사람, 말더듬이에서 벗어나고 싶다는 사람, 면접이 두려운 사람, 각종 선거에 출마하는 사람, 제2의 인생을 준비하려는 사람, 자녀와의 소통이 고민인 사람, 주례사 없는 결혼식에 신부 아버지로서 덕담을 해야 해서 부담스러운 마음을 안고 달려오는 사람, 금연에 대한 의지가 약해 도와달라는 사람 등 모두 나열하기도 힘들다.

나는 그들에게 비타민을 주고 싶은 마음이 간절하다. 그 간절한 마음이 나를 찾아오는 그들에게 진심으로 전해지길 바라며 항상 먼저 다가간다. 강사가 공부하지 않는다면 코칭을 할 수가 없다. 어두운 표정으로 교육원 문을 열고 들어온 그들이, 나갈 때는 확연히 다른 표정이 된다. 얼굴에 환한 미소가 핀다. 표정이 바뀌어 돌아가는 그들을 보면 내 마음이 더 기쁘다. 뿌듯하다.

어김없이 '오늘 정말 감사했다'는 문자가 온다. 그런 문자가 올 때마다 자부심이 용솟음친다. 자랑하고 싶어서 안달이 난다. 이런 뿌듯함은 현재 트렌드를 알고 느끼고 배워 가는 것을 게을리하지 않기 때문에 가능한 것이다. 과거에 한 학습은 다시 복습으로 채워 나간다. 경험을 통한 학습과 평생학습이 지금의 당당한 나를 지탱하는 것이다.

나는 늘 강사 양성과정에서 이렇게 이야기한다. 가장 잘하는 강의는 가장 자연스러운 강의라고. 이제는 망가짐도 내가 가진 재능이 되었다. 자꾸만 반복해서 이끌어 냈더니 어느새 자연스럽게 재능으로 발휘되고 있다. 내가 할 수 있으니 나의 재능이 된 것이다.

이미 자연스러워진 망가짐은 나만이 지닌 나의 특별함이 되었다. 공감을 이끌어 내고 오픈 마인드로 함께 소통하는 대단한 무기가 된 것이다. 나는 이 대단한 재능인 나의 무기 덕분에 당당할 수 있고 자신감에 차 있으며 겸손할 수 있게 되었다. 그래서 나는 변화를 두려워하지 않는다. 나는 나를 믿는다.

민간 자격증
바로 알기

민간 자격증이란 무엇일까? 민간 자격증은 국가 외에 개인, 법인, 또는 단체가 신설함으로써 관리 및 운영을 담당하고 있는 자격증을 말한다. 즉, 국가 기관이 아닌 민간이 발행하는 자격증을 의미한다. 국가 외의 법인·단체 또는 개인은 누구든지 민간자격관리자가 되어 민간자격을 신설해 관리·운영할 수 있다.

자격증 분야가 점점 더 세분화하면서 그 수가 계속 늘어나고 있으며, 국가공인 자격증에는 없는 분야의 자격증들이 민간 자격증으로 존재하게 되었다. 다만 사회질서에 반하거나 선량한 풍속을 해할 우려가 있는 분야 또는 국민의 생명·건강 및 안전에 직결되거나

고도의 윤리성이 요구되는 분야는 개별 법령이 정하는 바에 따라 민간자격의 신설·관리·운영을 제한할 수 있도록 되어 있다. 단체나 개인 등 누구나 일정 규모를 갖추고 있으면 자격증 제도를 만들어 그 분야의 인력을 배출할 수 있는 것이다.

현재 대한민국 법에서는 누구나 신고와 등록 절차만으로 자격증을 발급할 수 있으나 자격기본법이 개정되어 자격과 관련된 주무부처에서 심사를 하고 있다. 그러나 현재 민간자격은 지나치게 종류가 많다. 과거에는 민간 자격증이 공신력 있는 국가자격인 양 속이거나 허위 과장 과고를 하는 등 자격증 장사를 위한 수단이 되어 사회문제가 되었고, 2014년 국정감사에서도 지나치게 많은 민간자격의 종류에 대해 다루기도 했다.

내가 운영하고 있는 한국교육컨설팅개발원에서도 많은 과목의 민간 자격증을 등록해서 운영하고 있다. 모두 단일 등급으로 발급되고 있다.

민간 자격증에 대해 가장 기본적이면서도 궁금한 사항, 꼭 알아야 할 몇 가지를 알려드리고자 한다.

1. 민간 자격증의 급수는 차별화에 반드시 필요한가요?

답을 먼저 말하자면 아니다. 같은 과목을 1·2·3급으로, 또는 기본, 심화, 초급, 중급, 고급으로 구분해 운영할 필요가 없다는 것이다. 정말 중요한 것은 본인이 그 과목의 강의를 할 수 있느냐는 것이다. 예를 들어 방과 후 교사를 선발할 때 민간 자격증 '몇 급 이상'이라는 조건은 없다. 담당 교과목을 가르칠 수 있는 사실을 검증하는 수단에 불과할 뿐인 것이다. 그래서 급수를 나누는 것이 가끔 자격증 장사로 오해받아 눈살을 찌푸리게 하기도 한다.

나 또한 과거에 민간 자격증을 여러 과목 수없이 발급받았다. 기업에서 강의 제안을 받거나 할 때, 민간 자격증 급수는 아무런 문제가 되지 않았다. 단지 시간과 돈만 들 뿐이었다. 그래서 나는 과감히 모든 자격증을 단일 등급으로 등록해서 운영하고 있다. 자격증이 곧 실력이 아니기 때문이다.

2. 자격증의 유효기간은 어느 정도인가요?

자격증의 유효기간은 발급 기관이 정한 유효기간이며, 그 기간 내에 그 기관이 인정한 효력이 유지된다. 민간자격관리자의 신청에 따라 가능한 사항인 것이다. 과거에는 자격증을 따놓고 한 번도 사용하지 않다가 유효기간이 지나서 다시 재발급비를 내고 자격증을 발급 받아야 했었다. 그럴 때마다 불만스러웠기에 현재 나는 민간 자격 관리자로 등록할 때 유효기간을 따로 체크하지 않고 있다. 보

수 교육은 스스로 충분히 학습하는 것이 필요한 것이지 자격증 재발급이 필요한 것은 아니었다.

혹여 검색이 되지 않는 자격의 경우 미등록일 가능성이 높으며, 이 경우 불법 발급 자격일 가능성도 높다. 다만 등록 자격을 운영하다가 폐지한 경우 검색이 되지 않을 수도 있으나 이 경우에는 민간자격정보서비스 시스템의 폐지 공고 게시판을 참조하면 된다.

민간자격에 대한 일반인들의 관심이 부쩍 높아졌다. 방과 후 교사나 혹은 복지센터 등은 물론 기타 여러 가지 새로운 일이나 봉사를 시작하려는 준비 과정에서 자격증은 많은 비중을 차지하는 게 사실이다. 어떤 일이든 간에 여러 가지 정보를 많이 탐색하고, 직접 방문해서 필요한 것인지 잘 알아본 후 자기계발에 맞게 계획하고 목표를 세우기 바란다.

다시 정리하면, 민간 자격증은 급수가 중요하지 않으니, 동일 과목이라면 단일 등급으로 비용을 줄이는 것이 현명하다. 유효기간도 반드시 알아보기 바란다. 자격증은 자격증일 뿐이다. 누군가를 가르치거나 무엇을 전달하고자 한다면 그 과목에서 본인이 갖추어야 할 기본은 지식, 기술, 태도임을 잊지 말아야 한다.

민간자격 등록제도

• 민간자격 등록이란?

민간자격 등록은 민간자격관리자가 민간자격을 신설하여 관리 · 운영하려는 경우 등록 관리 기관에 등록하는 것으로서, 등록대장에 자격의 종목명 및 등급, 자격의 관리운영 기관에 관한 사항, 등록의 신청일 및 등록결정일 등을 기재하는 일련의 행정절차를 말한다.

• 도입 취지 및 목적

- 민간자격 실태 파악 및 자격 정보 제공

- 민간자격 종목 및 민간자격 관리 · 운영 기관에 대한 현황 파악

- 체계적으로 관리 · 등록하여 국민들에게 정확한 민간자격 정보 제공

- 금지 분야 자격 양산 예방

- 민간자격 금지 분야 및 결격사유가 있는 민간자격 기관의 양산 사전 예방

* 금지 분야: 국민의 생명 · 건강 · 안전 및 국방에 직결되는 분야 등

• 민간자격이란?

민간자격은 국가 외 개인 · 법인 · 단체가 신설하여 관리 · 운영하는 자격을 말한다.

• 도입 배경

- 산업사회 발전에 따른 다양한 자격 수요에 부응

- 자격제도 관리 주체의 개방화 · 다원화

- 자격제도 관리 · 운영의 체계화 · 효율화

- 자격제도 활성화를 통한 국민의 직업 능력 개발 촉진과 사회경제적 지위 향상 도모

- 자격제도에 민간 부문의 참여를 통한 현장과의 연계성 제고

– 민간 부문을 중심으로 한 자격의 국제적 통용성 추구

• 등록 절차

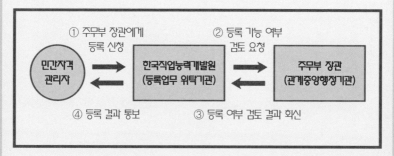

01_ 민간자격관리자 등록 신청

민간자격관리자가 한국직업능력개발원에 등록 신청

02_ 한국직업능력개발원

자격관리자 결격사유에 해당하는지 확인한 후 관계중앙행정기관에 금지 분야 해당 여부 및 민간자격 명칭 사용 가능 여부 확인 요청

03_ 관계중앙행정기관

금지 분야 해당 여부 및 명칭 사용 가능 여부 회신

04_ 한국직업능력개발원

등록대장 기재 및 등록증 발급

[출처: 한국직업능력개발원]

궁금해요:
강사 등급 & 강사 수당

강사에게 강사 수당이란 여러 가지 의미를 지닌다. 강사 수당이 곧 존재감이며, 강사의 얼굴이라 할 수 있다. 강사 수당은 강사 등급에 따라 지급된다. 강사 등급은 강사 세계의 자존심이기도 하다. 그러나 가끔은 돈을 열 배 준다고 해도 가기 싫은 곳이 있다. 돈을 되돌려주고 싶은 기분이 들게 하는 경우도 있다.

나에게 그런 경우는 3~4년에 한 번 있을 법한 일이다. 한 번은 서울 강남에 있는 한 중학교에 강의를 갔을 때가 그랬다. 등급보다 낮은 수당임을 알면서도 아이들을 만난다는 즐거움에 강의 제안을 흔쾌히 받아들였었다. 학교 측에서 원하기에 강의 자료도 통째로 주었다. 그런데 한 달 반 뒤에 강사 수당만 입금되었다. 담당 교사 말이, 내가 자료를 주지 않아서 원고료를 입금하지 않았다는 것이었다. 분명히 강의가 끝나고 컴퓨터 바탕화면에 그대로 두었었는데 말이다.

그 당시 상황을 설명했더니 담당 교사는 그제야 생각이 나는 눈치였다. 하지만 이미 결재를 올려서 안 된다는 소리를 했다. 그러고는 "원고료를 꼭 받으셔야겠다면 제 개인 돈으로 드려야겠네요"라는 황당한 말로 상황을 해결하려고 했다. 그 무책임한 말에 정말 화가 나고, 자존심이 상했다. 돈이 문제가 아니지 않은가. 실수를 인정하고 일을 바로잡으면 될 것을 왜 그렇게밖에 대처하지 못하는지 이해할 수 없었다. 그 교사 때문에 지금까지도 그 학교는 가기 싫은 곳 1순위에 자리하고 있다.

한 TV 방송국의 주말 드라마인 〈돈꽃〉을 즐겨 본 적이 있다. 사람이 돈을 지배하고 있다는 착각 속에 살지만 실상은 돈에 지배당하는 인간들의 이야기를 담고 있었다. 돈에 충성하며 돈을 지키기 위해 부부, 부모, 자식, 친구 모두가 서로 속고 속인다. 서로를 믿지 못하고 별짓을 다 한다.

'돈만 있으면 귀신도 부린다'라는 말이 있다. '돈만 있으면 개도 멍

첨지'라는 속담도 있다. 사실 돈 자체는 좋은 것이다. 그러나 '돈은 최선의 종이요, 최악의 주인'이라고 한 영국의 철학자 베이컨의 말처럼 돈 때문에 많은 말썽과 악행과 다툼이 빚어지기도 한다. 그만큼 돈의 위력이 크다는 뜻일 게다.

돈의 위력은 강사 수당에서도 예외는 아니다. 대부분의 강사는 인정받고 싶은 욕구가 더 강하다. 인정 뒤에는 시간당 얼마짜리 강사인지가 분명히 존재한다. 강사 수당의 위력은 강사끼리 보이지 않는 경쟁이고, 부러움과 시기, 질투를 낳는다. '부러우면 지는 것'이라고 했던가. 그래서 서로에게 지지 않으려고 끊임없이 반복적으로 연습하고 노력하는 것이다.

초보 강사 시절 누구나 궁금해하는 것이 바로 강사 수당이다. 나 또한 그런 시절이 있었다. 초보 강사 시절에는 수당에 대해 명확한 기준을 스스로 내리지 못하고 발을 동동 구르기도 한다. 이런 문제는 사실 강사 수당이 학교, 복지센터, 국비훈련 기관, 아카데미, 기업 등 각 조직에 따라 다르게 편성되기 때문이기도 하다.

명확한 구분은 아니지만 뒤에 나오는 표 '강사 수당, 원고료 지급 수준'은 내가 모 기관에 강의를 갔을 때 메일로 받은 강사 수당 편성 기준이다. 이 내용을 참고한다면 강사의 등급과 수당에 대한 궁금증이 적잖이 해소될 것이다.

나 또한 신인 강사 시절에는 업체나 기관에 툭 터놓고 물어보지 못했다. 그저 강의에만 열중하고 통장에 입금되는 대로 받았던 적이 많았다. 그러다 보니 당시 내 강사 등급보다 낮은 등급의 수당을 받은 적도 있었다. 하지만 강사 수당 편성기준을 알고부터는 몰라서 수당을 낮게 받은 적은 별로 없었다. 왜냐하면 프로필을 보낼 때 강사 등급 기준을 명확하게 구분할 수 있는 서류를 함께 제출했기 때문에 나의 권리를 제대로 찾고 누릴 수 있었던 것이다. '강사 수당, 원고료 지급 수준'은 2017년도 편성기준이라 크게 달라지지는 않았을 것이다.

[표1] 원고료

단위: 천 원

구분	내용
지급기준 1	파워포인트 자료: 매당 10(시간당 3매 이하)
지급기준 2	메뉴 방식의 동영상 강의안 제작: 10분 200
지급기준 3	A4 규격, 글자 12포인트, 행간격 160mm, 상하 여백 20mm: 매당 14(시간당 3매 이하)

강사 수당 외에도 원고료와 교통비는 실비의 범위 안에서 별도 지급이 가능하므로 반드시 알아 두어야 한다. 그러므로 교통비 영수증은 잊지 말고 꼭 챙겨서 담당자에게 바로 전달해야 한다. 그렇지

않으면 놓치고 지금 받지 못하는 경우도 있기 때문이다. 학교나 기관에서 이미 결재를 올린 서류는 번복이 쉽지 않기 때문에 추후에 별도로 받기가 어렵다.

나도 4시간을 자가운전으로 지방까지 강의를 갔다가 미처 영수증을 전달하지 못해 교통비를 날린 적이 있었다. 강사 수당이 통장으로 지급되고 나서야 '아차' 하고는 연락을 했지만 버스는 이미 떠난 상황이었다. 나도, 교육 담당자도 깜빡 잊고 있었던 것이다. 결국 손해는 내 몫이었다. 내가 챙기지 못해서 빚어진 손해였다. 담당자로부터 이미 결재가 나서 서류를 다시 올리지 못한다는 말과 함께 미안하다는 사과만 들을 수 있었다. 누굴 탓하겠는가. 미리 내가 챙겼어야 했다.

한번은 이런 일도 있었다. 오히려 학교에서 강사 수당 기준표를 메일로 보내 주면서 내가 해당되는 등급을 체크해 달라는 것이었다. 담당 교사는 이런 일을 처음 진행해 본다면서 역으로 강사인 나에게 등급에 맞게 서류를 보내 달라고 했다. 학교에서는 일반 강사로 분류하고 강사 수당을 이야기하더라도 달라질 수 있다. 본인의 강사 등급이 한 단계 위일 경우 가능하다. 단, 인정받을 수 있는 서류를 제출해야 가능하다.

그리고 1회 진행하는 특강일 경우와 연속으로 진행하는 경우도 다르게 지급되는 경우가 있다. 지금까지 많은 학교에 출강을 했다.

강사 수당이 똑같지 않았다. 강의 성격(학교에서 진행되는 상황)에 따라 조금씩 다르다는 게 맞는 표현일 듯하다.

[표2] 강사 수당, 원고료 지급 수준

단위: 천 원

구분		지급 대상	단가
특별강사	1	해당 분야의 권위자로 기관장이 인정하는 자(교육 운영상 기관장이 특별히 인정하는 경우, 시간당 50만 원 이내에서 지급 가능)	1시간 300 초과 시간당 200
	2	전·현직 장차관, 전·현직 국회의원, 전·현직 대학총장(급), 전·현직 교육감, 대기업 총수(회장), 국영기업체장, 정부출연 연구기관장, 인간문화재, 유명 예술인, 교육 운영상 기관장이 특별히 인정하는 강사	1시간 200 초과 시간당 150
일반강사	1	대학 전임강사 이상, 대(중소)기업·국영기업·공사의 임원(이사급 이상), 판검사, 변호사, 변리사, 의사, 공인중개사, 기술사 등 자격(면허)증 소지자, 정부출연 연구기관 연구원, 문화·예술 등 특별 분야의 전문 강사, 4급 과장(담당관) 직위 이상의 공무원, 과장(담당관) 이상 직위의 장학관(교육연구관), 유·초·중등학교장, 박사학위를 소지한 4·5급 공무원 및 장학관(교육연구관), 해당 분야 전문가로 특별 및 일반 2~3급, 보조 강사, 다수인 강사 이외의 강사, 교육 운영상 기관장이 인정하는 위 지급 대상자에 준하는 민간인 외래강사	1시간 160 초과 시간당 90
	2	대학 시간강사, 대(중소)기업·국영기업·공사의 직원으로 1급에 해당하지 않는 자, 4·5급 공무원, 장학관(교육연구관), 교감, 장학사(교육연구사), 박사학위를 소지한 6급 이하 공무원 및 교육공무원, 외국인(원어민) 강사, 교육 운영상 기관장이 인정하는 위 지급 대상자에 준하는 민간인 외래 강사	1시간 90 초과 시간당 60
	3	6급 이하 공무원 및 교육공무원(제1·2등급에 해당되지 않는 자), 교육 운영상 기관장이 인정하는 위 지급 대상자에 준하는 민간인 외래 강사	1시간 70 초과 시간당 40
		외국어·체육·전산 강사 등 강사	1시간 50

보조 강사	각종 실기실습 보조자(전산보조 제외)	1시간 40	
	전산 실기실습 보조자	1시간 30	
다수인 (그룹) 강사	현대·전통 음악 및 무용, 연극 등 예술 활동으로 다수인이 공동 참여 하는 교육	4인, 2시간 미만 500 초과 시간 사람당 50	
기 타	분임지도: 분임지도 및 분임평가 수당	시간당 30 초과 20	
	원어민(영어) 보조교사: 각종 실기실습 보조자에 준함.	시간당 40	
	원격연수응답(튜터): 재사용 콘텐츠 교과 내용에 대한 질의응답 수당	시간당 30	

※원고료(항목이 겹치는 경우 중복 불가), 교통비, 식비, 숙박비는 예산의 범위 내에서
별도로 지급할 수 있다.
※위 지급의 단가로는 강사 초빙이 곤란하다고 인정되는 경우 예산의 범위 내에서
기관별 별도의 자체 기준으로 강사료를 정하되 중앙공무원교육원 강사 수당
지급기준액의 20% 범위 내에서 추가할 수 있다.

확실한 것은 내가 강사 수당 기준표를 어느 정도 알고부터는 당당
하게 요구할 수 있었다는 점이다. 하지만 혹여 학교나 센터, 기관의
재무 사정으로 낮은 강사 수당을 받게 되더라도 나는 그저 감사할
뿐이다. 죄송하다는 말과 함께 대우를 받을 수 있어서 덜 받아도 마
음만은 충분했다. 인정을 받았기 때문에 전혀 문제가 되지 않았다.

돈을 싫어할 사람이 어디 있을까. 하지만 돈보다 사람이다. 사람
이 돈보다 우위일 수는 없다. 즐겁게 살아가기 위해 돈이 꼭 필요한
것임에는 틀림없다. 하지만 돈이 먼저가 되어 사람과의 관계가 무
너지면 회복이 어려울 수도 있다. 만나면 만날수록 좋아지는 그런
사람, 참 좋은 사람으로 기억되는 사람, 다시 만나고 싶은 사람이 되

자. 그리고 강사 수당도 원고료도 교통비도 본인 스스로 잘 챙기기
바란다.

베스트 드라이버

나는 길치다. 나를 알고 있는 주변 사람들은 내가 길치임을 다들 알고 있다. 그래서 왔던 길도 여러 번 헤매고 오는 것을 당연하다고 여길 정도다. 고속도로에서 차가 전복되는 대형 사고도 두 번 경험했다. 그 이후로 고속도로가 무섭게 느껴지면서 한때 운전대를 잡지 못했었다. 더구나 길치인 나에게 교통사고 후 자가운전은 정말 극복하기 힘든 문제였다.

운전 미숙으로 빗길에 미끄러져 터널 안에서 갈지자로 몇 번을 왕복하다 차가 뒤집어졌다. 차가 옆으로 뒤집힐 때 본 터널 천장은 공포 그 자체였다. 지금도 여전히 터널을 지날 때는 굉장히 긴장되고 무섭다. 섬뜩함이 몰려와 터널의 천장을 볼 엄두가 나지 않는다.

나는 전국을 누비며 강의를 하고 싶었다. 자가운전으로 자연도 느끼고 매사에 내가 열정을 쏟는 강의도 하고 싶었다. 몇 번이고 용기를 내서 시도해 보았다. 그럴 때마다 몸은 경직되고, '빵빵'거리는 경적 소리에 깜짝깜짝 놀랐다. 무섭게만 다가와서 도저히 운전을 할 수가 없었다. 가끔은 이러고 있는 나 자신이 바보 같고 못나 보여서 우울해지기도 했다.

> 재능이 있거든 가능한 모든 방법을 동원해서 써라. 쌓아 두지 마라. 구두쇠처럼 아껴 쓰지 마라. 파산하려는 백만장자처럼 아낌없이 써라.
>
> – 브렌던 비언

> "난 못해"라는 말은 아무것도 이루지 못하지만 "해볼 거야"라는 말은 기적을 만들어 낸다.
>
> – 조지 P. 번햄

우울할 때마다 몇 번이고 소리 내어 낭독하고, 가슴에 새기고 또 새겼던 말이다. 운전을 못해 지방에서 의뢰하는 강의는 그림의 떡이었다. 그저 안타까울 뿐이었다. 주말에는 남편이 기사 노릇을 해

주었기 때문에 먼 곳은 주말 강의만 가능했다. 특히나 복잡한 서울 교통은 엄두도 내지 못했다.

그런데 어느 날 내 입이 서서히, 아주 서서히 귀에 걸리는 일이 벌어졌다. 서울항공비즈니스고등학교에 강의를 가게 되면서 벌어진 일이었다. 그 고등학교가 김포공항 쪽에 있다는 지인의 말에 자가 운전을 하기로 했다. 내가 유일하게 고속도로를 달릴 수 있는 곳은 바로 언니가 살고 있는 김포와, 동생이 살고 있는 일산이었다. 아무런 의심도 없이 차의 시동을 켰다. 내비게이션 검색 창에 주소를 입력하고 바로 탐색을 시작했다. 차가 달리기 시작했다.

앗! 그런데 내가 생각했던 김포 방향이 아니었다. 내비게이션은 이미 서울로 알려 주었고 나는 되돌아갈 수도 없었다. 고속도로 주행 중에 시동을 끄고 차를 멈출 수도 없었다. 머릿속이 하얘졌다. 몇 번이고 가는 길이 의심스러우면서도 계속 직행할 수밖에 없었다. 가슴은 쿵쾅쿵쾅 방망이질을 해댔다.

서울로 들어서는 순간 머리가 쭈뼛쭈뼛 섰다. 얼굴에서는 열이 확 올라왔다. 운전대를 잡은 손은 이미 땀으로 젖어 있었다. 온 신경이 곤두섰다. 그런데 이럴 수가, 이런 일이 있을 수가! 내가 서울로 들어선 것이 아닌가. 내비게이션이 알려 준 도착 시간은 나를 신뢰하게 만들었다.

처음이었다. 자가운전으로 서울에 간 것이었다. 혼자서, 그것도 직접 운전을 해서 말이다. 두려움은 이제 나의 것이 아니었다. 어느새 감동으로 이어졌다. 입꼬리가 점점 귀 쪽으로 올라가고 있었다. 절로 웃음이 나왔다. 웃음을 참을 수 없어서 소리 내어 웃어 버렸다. 기적을 만들어 내는 말의 힘을 느꼈다.

평소 강의 장소로 가는 길은, 오늘 함께할 청중과 어떻게 즐겁게 소통할지 여러 상황을 그리며 생각을 정리하는 구간이다. 그런데 그 순간 강의는 생각도 안 났다. 그저 내가 운전해서 서울까지 왔다는 기쁨뿐이었다. 미칠 듯이 기분이 좋았다. 기쁨의 감정을 감출 수가 없었다. 자꾸만 피식거리게 되었다. 나에게 칭찬 세례를 마구마구 퍼부었다. 나에게 대단하다, 최고라고 외쳤다.

지금도 서울로 첫 자가운전을 한 그날을 나는 잊지 못한다. 생각만 해도 입꼬리가 절로 올라간다. 그때의 기억은 나를 언제나 미소 짓게 만들고 용기를 갖게 한다. 그날 서울행을 계기로 나는 시흥도 찍고, 군포도 찍고, 세종도 찍고, 꼬불꼬불 꼬부랑길인 경상북도 울진도 찍었다. 전라남도 순천도 혼자 운전으로 갔다가 왔다. 이제는 어디든 두렵지 않다.

꿈은 이루어진다! 전국을 자가운전으로 강의하러 가는 기적 같은 꿈을 나는 이루었다. 나는 늘 꿈을 꾼다. 꿈을 꾸고 그 꿈을 이루어

내면, 또 다른 꿈을 꾼다. 용기가 또 다른 경험을 하게 만들고 자신감을 갖게 한다. 내가 꾸는 꿈이 말한다. 현재 서 있는 이곳에서 자꾸만 기회를 만들어 내게 도전하라고 말한다. 기다리지 말고 일상 속에서 기회를 창조하라고 말한다.

평소 나는 도전을 두려워하지 않는 김미경 강사님을 존경한다. 어느 날 '김미경TV'의 〈언니의 따끈따끈한 독설〉에서 꿈을 이루는 데 절대로 하면 안 되는 세 가지에 대한 이야기를 했다. 그것은 다음과 같은 것으로 나에게 큰 공감을 불러일으켰다.

(1) 난 너무 늦었어.
(2) 저 사람은 나보다 잘해.
(3) 난 너무 가진 게 없어.

이 세 가지 중 한 가지라도 툭 내뱉어 본 적이 있는가? 새끼손가락 걸고 스스로에게 약속하자. 꿈을 이루고자 한다면 지금 이 순간부터 절대로 이렇게 말하지 말자고!

우리의 삶은 언제나 사건의 연속이다. 매일 연속성을 띠는 사건을 어떤 태도로 맞이하느냐에 따라 그 결과는 다르게 나타난다. 남과

비교해서 부정적이고 불만스러운 마음을 그림으로 그리는 어리석은 행동은 하지 말자. 긍정적이고 감사한 마음을 그려 보자. 희망적인 그림이 완성될 것이다. 지금 나의 꿈을 방해하는 방해물도 기꺼이 수용하고 극복하자. 그래서 꿈을 향해 전진하는 너와 나, 그리고 우리가 되어 보자.

꿈꾸는 사람은 결코 두려워서 스스로를 포기하는 법이 없다. 꿈은 반드시 이루어진다.

나는 지금 연애 중

"어떻게 살고 싶습니까?"

"당신은 지금 행복합니까?"

이런 질문을 들었을 때 대답 대신 한참을 고민한다면, 분명 지금 당신이 하고 있는 일이 즐겁지 않은 것이다. 또한 당신은 지금 지쳐 있어서 그저 쉬고 싶은 마음일 수도 있다. '열 길 물속은 알아도 한 길 사람의 속은 모른다'라는 말이 있듯이 사람과의 관계 속에서 지치고 힘들어 우울했던 경험이 있었을 것이다. 나도 사람 때문에 지친 적이 있었다. 아무것도 하기 싫을 정도로 힘든 적이 있었다.

나는 늘 사람들과 소통하고 부대끼는 일을 업으로 하는 강사이기에 자존감과 행복이라는 단어가 굉장히 중요하다. 내가 자존감이 높아야 청중에게 파워풀한 강의를 할 수 있다. 내가 행복해야 청중에게 환한 미소를 전해줄 수 있다. 내가 기쁘고 즐거워야 청중에게 친절을 담은 진실한 소통을 할 수 있다. 그래서 나는 강의를 준비하는 과정이 행복하다. 신난다. 밤을 새도 힘들지 않다.

나는 지금 내가 하고 있는 강사라는 직업이 자랑스럽다. 자세히 묻지도 않았는데 사람들에게 자랑하고 싶을 때도 있다. 이런 마음은 내가 하는 일에 대한 만족도가 높기 때문에 생긴다고 감히 당당하게 말할 수 있다. 마이크를 잡고 청중들과 눈을 마주치고, 고개를 끄덕이고 공감하는 모습에서 살아 있음을 느낀다. 그 순간을 즐긴다. 떨리는 그 순간이 나에게는 설렘이다. 그때가 아들이 지어준 내 별명인 '백만 불짜리 미소'를 피어나게 해주는 순간이다. 그 순간 미소와 함께 복합적으로 일어나는 떨리는 감정의 설렘이 좋아서 나는 마이크를 놓지 못하는지도 모른다.

본인의 일에 만족도를 높이고, 실패하지 않고 길게 가려면 직업을 선택할 때 조건 충족이 매우 중요하다. 내가 편하게 할 수 있는 것, 내가 잘할 수 있는 것, 사회에서 인정되고 돈도 되는 것, 이 세 가지를 아우를 수 있는 가치가 있어 자신의 흥미와 적성을 발휘한다면 미래지향적으로 전망이 밝아 후회하거나 실패할 확률이 낮을 것이다. 이런 조건으로 본다면 나는 직업을 아주 잘 선택했다고 말할 수 있다. 그래서 매 순간을 즐기는 것이리라.

이런 선택을 한 나도 가끔은 내가 하는 일이 짜증스럽고 귀찮을 때가 있다. '지금 내가 무얼 하고 있는 걸까?' 하고 실망감과 회의감에 빠지기도 한다. 모든 걸 다 집어던지고 확 뛰쳐나가고 싶은 충동을 느낄 때도 있다. 그럴 때면 나는 애인들을 생각한다. 나와 눈을 맞추고 고개를 끄덕이며 공감을 100% 해주었던 애인들을 생각한다. 내 손을 부여잡고 나를 아이돌로 착각하게 만드는 노인복지센터의 애인들을 생각한다.

참으로 희한한 만병통치약이다. 그들을 생각하면 어느새 짜증에서 빠져 나와 있고, 그들에게 감사하는 마음이 마구 샘솟아 엔돌핀이 생성된다. 애인들을 생각하면 저절로 웃음이 샘솟는다.

그렇다. 나의 애인들은 바로 청중이다. 나는 강의하는 것을 '연애한다'고 표현한다. '연애'라는 단어는 우리를 핑크빛 세상으로 데려다준다. 그래서 연애하는 것이, 즉 강의하는 것이 행복하지 않을 수 없는 것이다.

직장인들에게 직장생활이 힘들다고 괴로워만 하지 말고 '나는 지금 직장과 연애하고 있다'고 생각을 바꿔 보라고 권한다. 그러면 다들 어느새 표정이 밝아져 있다. 직장생활도 연애도 어느 한쪽으로 치우치면 지치고 힘들다. 둘 다 행복해야 좋다. 괴롭지만 끊을 수 없는 것이 바로 직장생활이고 연애다. 괴로우면서도 즐거운 것이 바로 연애다.

그렇다면 괴로운 직장생활을 바꾸려면 어떻게 해야 할까? 그들이 원하는 것을 주면 된다. 연애와 직장생활의 공통점이다. 매사에 연애를 한다고 생각하고 행동한다면 배려의 마음이 생기고, 직장생활에서의 행복지수는 높아질 것이다. 그와 함께 뒤따라오는 것이 바로 상대방으로부터 얻을 수 있는 나의 가치가 아닐까?

오늘 문득 기억이 가물가물한 애인이 교육원을 방문했다. 한 손 가득 귤 봉지를 들고 두리번거린다. 모 기관에서 나의 강의를 듣고 동기부여가 되어 꼭 한 번 찾아뵙고 싶었다고 말하며 환한 미소를 날리는 그녀가 바로 내 애인이다.

한번은 이런 애인이 찾아온 적도 있었다. 양성과정을 수료하고 지나가다 원장님 곁에 있는 나무가 생각나서 왔다고 너스레를 떠는 멋진 남자 애인이 찾아온 것이다. 그는 물뿌리개에 물을 가득 담아 내 곁에 있는 큰 화분 쪽으로 다가갔다. 그러고는 키가 아주 크고 잎이 무성한 나무를 향해 아낌없이 물을 뿌려 주었다. 그러더니 한마디

던지는 말이 또 나를 큰소리로 웃게 만들었다.

"원장님 맑은 공기 마시게 해드려야 한다."

그래서 그는 오다가다 생각나면 물을 주고 가고, 내가 부재중일 때도 와서 물을 주고 가곤 했다.

날씨가 더울 때, 기온이 떨어져 매서운 한파가 몰려올 때는 문자로 나를 기억해 주는 애인도 있다. 나는 이런 애인들이 있어서 웃는 날이 더 많다. 감기 조심하라는 애인이 있어서 나는 또 힘을 내 애인과 함께할 행복한 소통을 위해 강의안을 준비한다.

사람을 발음하면 입술이 닫히고 사랑을 발음하면 입술이 열린다. 사람은 사랑으로 서로를 열 수 있다.

– 김은주, 『달팽이 안에 달』

이렇게 찾아오는 애인이 많아서 나는 정말 감사하다. 그들은 왜 이렇게 찾아오는 것일까? 그것은 내가 선택한 직업 덕분이다. 내가 좋아하고, 제일 잘하고, 편안하게 할 수 있는 일을 직업으로 선택했기 때문이다. 좋아하고, 편안해하는 일을 하고 있기 때문에 최선을 다할 수 있고 즐길 수 있는 것이다. 충분히 즐기고 있기에 멋진 애인들 앞에서 당당할 수 있는 것이다.

나의 멋진 애인들은 알고 있다. 진정성 있게 다가가 나를 보여 주고 나를 느끼게 해주고 있다는 것을. 내가 말하지 않아도 그들은 알고 있다. 당신들의 애인이 사람 냄새 진하게 풍기는 경상도 촌뜨기라는 것을. 그래서 나를 더 사랑한다는 것을.

지금 바로 가능합니다!

초보 강사 시절, 가장 높아 보이고 대단해 보인 것이 있다. 밥을 먹다가도 차를 마시다가도 강의 의뢰를 받는 강사들의 모습에서, 정말이지 가슴 저 밑바닥에서부터 슬금슬금 올라오는 부러움이 있었다. 이렇게 말하면 다른 강사들도 그렇다고 말할 것이다. 하지만 내가 부러운 것은 쉴 새 없이 밀려드는 강의 의뢰가 아니었다. 부러운 건 따로 있었다.

그건 바로 의뢰 즉시, 내일 당장 급한 건인데도 아무렇지 않은 듯이 갈 수 있다고 수락하는 것이었다. 어떻게 그럴 수 있을까? 나는 언제쯤 저렇게 원하는 대로 바로바로 강의를 할 수 있을지 정말 부러웠다. 내가 한없이 작게 느껴졌다. 나는 언제쯤 저들처럼 산봉우리까지 갈 수 있을지 불안하고 걱정스러웠다.

분명 웅변과 연설 스피치 부문에서는 내가 한 수 위다. 하지만 앞에서도 언급했듯이 나는 교육과 강의의 중간에서 나만의 콘텐츠를 찾지 못해 많이 방황했었다. 강의의 홍수 속에서 방황하며 살았던 그때가 가장 힘들었던 시절이었다. 지금 생각해 보면 그때의 고민과 괴로움을 포기하지 않고 연습과 노력과 의지와 끈기로 계속해서 쉬지 않고 맞섰기에 지금의 내가 이 자리에 빨리 설 수 있었다.

그리고 그때 부러워했던 강사들을 보면 기분이 좋아진다. 그들의 기분을 나도 이해하고 느낄 수 있어서 기분이 좋다. 어떤 강의든 주저하지 않고 'OK' 하고 싶은가? 그렇다면 당장 해야 할 일이 있다. 지금까지 내가 계속 주장한 것을 기억할 것이다.

"노력해라. 연습해라. 도전해라. 목표를 가져라. 꿈을 꾸어라. 당당해라. 자신감을 가져라."

그렇다면 답은 나와 있다. 강사는 강의를 가기 전에 반드시 강의안을 준비한다. 그냥 PPT만 준비하는 강사, PPT에서 아래 메모 칸에 간단 메모를 하는 강사 등 각자 자기만의 방식이 있다. 나는 거두절미하고 글로 쓰라고 말하고 싶다. 마음속으로 생각하고 눈으로 정리하면 안 된다. 그런 식으로 하면 할 때마다 다른 말이 나올 수 있다.

　나는 처음에 강의를 준비할 때도 그랬고, 지금도 변함없이 강의안을 A4 용지에 빼곡하게 글로 쓴다. '안녕하세요'라는 인사말부터 마지막의 '감사합니다'라는 맺음말까지 먼저 글로 작성한다. 그리고 내용을 채우고 그것을 소리 내어 읽는다. 그냥 읽는 것이 아니다. 실제로 말하듯이 읽는다. 청중이 내 눈 앞에 있다고 생각하고, 실제로 말하듯이 읽는다.

　손으로 쓴 글을 눈으로 읽는 것과 소리 내어 읽는 것은 차이가 많이 난다. 눈으로 볼 때는 자연스러운것 같아도 말하듯 내뱉다 보면 어색한 것을 곧 알아차리게 된다. 그러면 바로 수정한다. 이런 과정을 나는 세 번 거친다. 그러고 나면 강의안은 아주 매끄러워진다. 그것을 읽으면서 녹음을 한다. 스마트폰 녹음 기능을 이용한다. 녹음해서 강의 시간도 체크한다. 실제로 강의를 한다고 생각하고 애드리브도 한다.

　그리고 운전할 때 수시로 듣는다. 이렇게 준비를 한 강의는 실패할 확률이 거의 없다. 강의뿐만 아니라 자신이 하는 일도 마찬가지다. 철저히 반복해서 연습하고 준비한 일은 후회를 낳지 않는 법이다. 불안함도 없다. 떨림이 있을 뿐이다. 이 떨림이 바로 설렘이 된다. 이렇게 설렘을 즐기는 사람을 우리는 프로라고 부른다.

나는 바쁜 일정 속에서도 틈틈이 온라인 강의를 듣고 새로운 것을 알아간다. 하지만 온라인 교육은 오프라인과는 달리 살아 있는 현장의 소리를 체험하기에는 부족하다. 나는 현장의 소리를 듣는 것을 좋아하고 공유하기를 즐긴다. 온라인 교육은 들을 수 있는 것이 한정되다 보니 목마름이 존재한다. 그 목마름을 달래기 위해 나는 늘 우물을 판다.

겉으로 보기에는 한 우물이 아니라 여러 우물을 파는 것처럼 보일 수도 있다. 하지만 나는 그렇게 생각하지 않는다. 강의는 통합적으로 사고하고 그것을 토대로 강의안을 만들어야 한다. 그렇게 노력하다 보면 청중과 소통하는 것이 얼마나 재미있고 신이 나는지 모른다. 내가 여러 우물을 파고 있는 이유이기도 하다. 다양하게 공부하고 나서 강의하러 가면 마음이 얼마나 뿌듯한지 모른다. 이럴 때 비로소 "네, 지금 바로 가능합니다"라고 힘주어 말할 수 있기 때문이다.

나는 일산에서 강사를 양성하는 모 협회에 분기별로 강의를 하러 간다. 강의 주제는 '강사의 이미지 메이킹'이다. 분기별로 강의를 하다 보니 재수강하는 강사들을 자주 만나게 된다. 똑같은 주제지만 강의하러 갈 때마다 자료를 수정한다. 변화를 주려고 새로운 이미지를 찾는 데 많은 노력을 기울인다. 내가 여러 우물을 판 덕분에 같은 주제지만 창의성이 드러난다. 누구나 사용하는 뻔한 내용은 쓰지 않는다.

　그래서 재수강을 하는 수강생들 앞에서도 당당하다. 미소도 잃지 않는다. 똑같은 자료를 가지고 강의하면 우선 내가 재미가 없다. 강사가 재미없는데 청중인들 재미있겠는가.

　내가 아는 교육원 원장 중에는 7년 전 쓰던 강의 자료를 그대로 사용하고 있는 사람도 있다. 그 모습에 그에 대한 신뢰가 와르르 무너졌다. 주제가 같은 경우 강의 때마다 교육 자료가 모두 바뀔 순 없다. 하지만 다른 방향에서 접근해 보고 적어도 PPT 몇 장은 새로운 것으로 바꾸려고 노력하는 것이 강의안을 준비하는 강사의 태도라 할 수 있다.

　책임감 없고 게으른 강사의 공통점은 말이 많고 핑계가 많다는 것이다. 그러니 당연히 약속 시간도 잘 지키지 않는다. 스스로 노력하지 않으면서 남을 탓하거나 끊임없이 핑계를 댄다. 거짓말도 곧잘 하는 것을 보았다. 이런 강사는 당장은 아니지만 서서히 자신을 찾는 곳이 없어지고 만다. 강사에게는 재의뢰가 바로 능력이고 자존감을 최고조로 올려주는 도구이다. 그렇더라도 겸손함도 잃지 말아야 한다.

　인생에서 가장 유일한 자산은 시간이다. 그 시간을 자신을 향상시킬 수 있는 멋진 경험을 쌓는 데 투자한다면 손해 볼 가능성은 없다.

– 스티브 잡스

그렇다. 세상에 쉬운 일이란 없다. 아픈 만큼 스스로 성숙해진다. 연습과 노력은 명강사와 비례한다. 연습과 노력을 많이 한 사람은 실수를 자연스럽게 성공으로 이끌어 낸다. 뭔가가 없어도, 누구보다 잘나지 않아도, 충분히 행복하다. 누군가와 나를 비교하지 않고 자신감으로 앞으로 걸어가면 된다. 현재 내가 가지고 있는 모든 것에 대해 감사하라. 약점은 보완하고, 강점은 더 성장할 수 있도록 집중하라. 이것이 바로 진정한 인생 승자의 모습이다.

긍정적으로 생각하고, 자신을 귀하고 소중하게 여기며, 스스로를 높여라. 그러면 지금 당장 강의 제안이 들어온다고 해도 전혀 문제가 없을 것이다. 처음 접하는 주제도 두렵지 않을 것이다. 어떤가? 지금 바로 달려갈 준비가 되었는가? 당신을 찬찬히 들여다보라! 이젠 당신도 가능하다.

당당한 프로가 아름답다

초판 1쇄 인쇄 2018년 6월 10일
초판 1쇄 발행 2018년 6월 15일

지은이: 허정미
펴낸이: 김진성
펴낸곳: heute
편 집: 박부연, 허강
디자인: 장재승
관 리: 정보해

출판등록: 2005년 2월 21일 제2016-000006호
주   소: 경기도 수원시 장안구 팔달로237번길 37, 303(영화동)
전   화: 02)323-4421
팩   스: 02)323-7753
홈페이지: www.heute.co.kr
이 메 일: kjs9653@hotmail.com